アンドリュー・リーチ

建築史とは何か？

横手義洋 訳

中央公論美術出版

Translated from
WHAT IS ARCHITECTURAL HISTORY?
by Andrew Leach

This edition is published by arrangement with Polity Press, Ltd., Cambridge
through Tuttle-Mori Agency,Inc., Tokyo

Japanese translation by Yoshihiro Yokote
Published 2016 in Japan by Chuokoron Bijutsu Shuppan Co., Ltd.
ISBN978-4-8055-0774-2

目次

建築史とは何か？

凡例

一、本書は Andrew Leach, *What is Architectural History?*, Polity, 2010 の全訳である。
一、挿図は訳者が選定した。
一、原註は、本文中に通し番号を付し、各章の末尾に掲載した。
一、訳者による註は、本文中に※と通し番号を付し、見開き頁の左端に掲載した。
一、本文中の記号は、次のとおりである。
（ ）……原文に（ ）としてあるもの。
『 』……書名。
「 」……原著で強意されている字句。また論文名。
一、本書に登場する主要な建築家・建築史家については巻末の「建築家・建築史家リスト」で略歴と邦訳書を紹介した。該当人名は各章初出で**太字**とした。

謝辞

本書の執筆にあたり、終始私を励まし我慢強く接してくれたポリティ社のアンドレア・ドゥルガンに御礼を申し上げたい。本書の内容は、オーストラリアのクイーンズランド大学で実施した研究会が基になっているが、応援していただいた建築学校の先生方、さらに、内容の深化と吟味に協力してくれた二〇〇八～二〇〇九年度修士生にも謝意を表したい。建築学校から頂いた研究費によって、図版の使用権も得ることができた。大変多くの方から適切な助言、修正意見、感想を頂いたが、紙面の都合から、本書が完成するにあたりお世話になったジョン・ハーウッド、ピーター・マーテンス、ポール・ウォーカーの三氏を紹介するだけに留めさせていただきたい。匿名ではあるがポリティ社のスタッフからの意見は実に的を射ており、そうした協力に支えられてなんとか刊行にたどり着くことができた。クイーンズランド大学ヨーロッパ言説史センターは、ときに刺激的な相談の窓口、ときに落ち着いて作業をさせてくれる場になった。ピーター・クライル、イアン・ハンター、ライアン・ウォルターには特に感謝したい。ジョン・マッカーサーには論を進める上でアドバイスをもらった。その議論の跡は、本書の端々に記されている。また、バート・ヴェルスカッフェル、ゲント大学の元同僚たちにもお世話になった。ゲント大学には、本書の最終稿をまとめるくらいに客員研究員として再訪問する機会を得た。こうしたさまざまな協力があったにもかかわらず、本書の内容に事実誤認や欠落があったとしたら、それらはすべて私の責任と言わざるをえない。ベン・ウィルソンは草稿の編集に、ポリティ社編集部は本書出版に力を尽くしてくれた。ジョナサン・スカーレット、ローレン・ミュルホランド、リー・ミュラーには特に御礼を申し上げる。ルース、ケイティー、チェルシー、アメリア、家族の存在が活力の源になった。妻のルースはいつも私を支えてくれた。これには感謝の言葉もない。娘のアメリアは本書に取りかかった時はまだ生まれていなかった。彼女の人生最初の二年が本書の作業と重なったことを思えば、やはり本書は彼女に捧げたいと思う。

本書の使い方

本書は、建築史を執筆する者、建築史家の業績を研究する者が直面するさまざまな理論的課題をわかりやすく解説したものである。取り扱う内容は、建築史学に関する基礎知識、学問としての発展過程、理想とされた形式、地域的特徴などであるが、場合によっては建築史の全般的研究と思われるような内容があるかもしれない。本書の読者は、建築学科、美術史学科で建築史を専攻する者、研究指導する者、あるいは、建築そのものではなく、歴史事象を考察するのに建物や都市計画を用いる歴史学者になるだろう。本書『建築史とは何か？』は、ここ一世紀余りの間に、建築の歴史的な知見がどのように形をなし、編成され、広がってきたのか、その鍵となるいくつかの問題を取り上げるが、さらに意欲のある読者は、こうした主題や主要人物に関する巻末の参考文献を参照し考察をさらに深めていただきたい。

序

スイス人の美術史家**ハインリヒ・ヴェルフリン**が若い頃に著した『ルネサンスとバロック』(一八八八年)は、近代的な建築史学のはじまりとされる。その「前書」でヴェルフリンは著書の意図を次のように書き記している。

ここでの研究主題はルネサンスの解体である。芸術家の歴史ではなく、様式の歴史に資することが意図されている。私のねらいは、衰退の兆候を観察すること、そして、おそらくは〈放縦や気まぐれ〉のなかに、芸術の内的生命を洞察できるような法則を見出すことであった。私は、ここに美術史学の最終目標を見ているのである。(1)

現在のわれわれは、ローマにおける十六~十七世紀建築が盛期ルネサンスから無秩序への退行を示す、というヴェルフリンの見方に違和感を覚えるかもしれない。また、美術や建築の歴史が、画家や彫刻家や建築家の歴史とはちがう形で記述されることに特別な感慨もないだろう。それでも、ヴェルフリンが「前書」に綴った短い一節は、数多くの問題をわれわれに投げかける。たとえば、歴史家はどのような方法で、さらに、どのような理由で、建築を研究するのか。建築は、理念、芸術、制度として、どのように変化するのか。なぜ変化するのか。その変化は、建築の内なる質に起因するのか、それとも、建築家たちを左右する外的な影響のゆえか。ヴェルフリンは建築史研究の諸条件を整理するにあたり、建築史家の研究活動の根幹となるようなさまざまな概念や問題を捉えた。その後の建築史家たちがヴェルフリンや彼の方法を過去のものとし、新しい方法や新たな研究分野を開拓していったとしても、それらはいまだに、近代的な歴史学として建築を体系化し知的分野にしたヴェルフリンの業績に負うところが大きい。とは言うものの、建築史学は、さまざまな歴史学と同様、問題を抱え続けてもいる。建築とは何であり、どのようにつくられるべきかに意見の一致がないのと同様、建築史とは何であり、どのように取り組まれるべきかについてもいろいろな意見がある。

本書が取り扱うのは、建築史学の作法である。それは二十世紀初頭に学問の体をなし、今日まで、大学や学会の活動として存続している。ここに私は「学」という用語を軽々しく使ったが、その「学問性」について語られることがあったとしても、建築史学が自立した学問であるかどうかに関して確かな合意があるわけではない。建築史家の肩書きを持つ人で、はじめから建築史の専門教育を受けた人はあまりおらず、むしろ、建築学科、美術史学科、その他関連の分野で学んだ後、建築史の専門家になった人のほうが多い。だからと言って、建築史研究の一貫した流れが途絶えたり、その業績の整合性が失われたりすることはなく、むしろ人材の幅を、建築遺産の修復や保存に携わる専門家から、建築理論の歴史に携わる学者まで、大きく広げているように思える。ただ、本書がこれから探求しようとするのは、まさに建築史の幅の広さにまつわる問題なのである。

建築は、専門外からも広く関心を集めるポピュラーな主題である。議論を進めるにあたっては、建築史に関連するからといってあまり対象を広げ過ぎないほうが良いだろう。狭い意味で言うと、建築史の学術研究は、大学や教育機関、博物館や研究所で行われる教育・研究活動であり、博士課程の学生がとり組む学位論文、研究者がとりまとめる著書や論説などがその成果物と言える。(2) いくら建築史に学術的関心があるといっても、膨大な数の趣味人や愛好家たちのコレクションや活動までを含めるわけにはいかないだろう。

学者とは違う立場で建築史学に関心を寄せるのが建築家であり、彼らは自らの職能経験を武器に建築の過去を掘り下げる。ジャーナリスト、伝記作家、紀行作家といった人たちも、それぞれの視点で建築を捉える。彼らの業績が建築史学へ貢献するとすれば、写真の多い豪華な大型本や、建築家の伝記や、ガイドブックの類であろう。これらは過去の研究成果の引き写しであることがほとんどだが、なかには例外もある。郷土史家も、その関心が建造物に強く関わる場合は、建築について記述することがある。たとえば、宗教団体を聖堂や修道院と合わせて分析したり、大学組織を大学の施設やキャンパスとともに分析したりする場合である。考古学者や一般の歴史家も、建造物、室内、建築関係史料、都市計画が、彼らの学問領域や専門分野の問題の解明に重要であれば、建築に言及するだろう。

以上は、歴史的建造物やその周辺環境を修復し保存する実務まわりの研究とも言え、その多くが特定地域に根ざす建築史を形づくる。特定地域の建築に関する包括的なガイドブックの例としては、一九二六年にジュリオ・ロレンツェッティがまとめたヴェネツィアおよびその周辺のガイドブック、一九五一年の**ニコラウス・ペヴス**

ナーの著書にはじまるイギリスの建造物シリーズ、あるいは、一九九三年以来、アメリカ建築史学会の監修のもとに刊行されているアメリカ建築のガイドブックを挙げることができよう(3)。

こうした著者は、建築に対して建築史家が寄せるのと同じ関心を持つのかもしれないが、必ずしもすべてが建築史の学術的な伝統に加わり、その方法を利用し、近代の建築史学の本質的問題を掘り起こすわけではない。それでも、以上に紹介したさまざまなジャンルの研究は、ユニークな情報で人々の関心を刺激し、個別的で特殊な事例を全体に通じる重要な事例に関連づけることで、建築に関心を寄せる人の数を増やし、建築史の幅を拡げてきた。仮に建築史研究者がこのような理解をしたとしても、それらが、大学や、博物館の講座や、研究機関、学術会議(4)、建築史学会誌(5)上でなされる学術的活動の範疇を超えた、違う形の建築史学になっていることもまた事実だ。

本書において、私は建築史学を、建築、モニュメント、都市に、幅広い一般の関心や注目を集める一方で、技術と教養の両面において学術的厳密さを保持するような研究分野と考えたい。このような建築史学はもちろん過去の建築を対象とする研究だが、その内容は建築業に携わる人に過去の建築の有用性をさまざまなレベルで伝えられるよう配慮されたものである。こうした範囲のなかで、なるべく偏った見方にならないよう、できるだけ多くの方法や実例を取り上げ、建築史家の取り組みを左右する知的制約や問題を考えたいと思う。「建築史とは何か?」という問いが向けられるべき対象については、十九世紀末以降、文化史あるいは美術史の体で広まっていった近代的な学術研究分野の検討からはじめるのが妥当であろう。

近年まさに建築という概念が、組織体、知、コミュニケーション、法に譬えられるほどにますます拡大しているが、歴史的に見れば、それをもってこの分野の新しい動きとは言えないだろう。建築史家が取り組んできた課題は、ほとんどの場合、技術や発想の止めどない流れを歴史に記すことであったのだから。外観、建設技術、材料、用途、重要性などを考えてみると、建築において、時代や場所によって変わらないものはわずかである。時代を分ける根本的な違いや断絶を産業革命に見て、その重要性を主張する者もいれば、時代をもっと遡り、ルネサンス、あるいは、中世から現在の建築家までを連続的に捉えようとする者もいた。さらに長い時間の流れを見て、建物に投じられる価値や意図や重要性に関係なく、建設行為を建築史の対象とし、建物、創造空間、居住の歴史を組み立てようとする者もいた。歴史観にまつわる問題は、また後で触れることにしよう。こうした歴史の基本となる枠組みは時に時代遅れになることがあり、また、他者の作品の中で時代遅れを露呈してしまうことがある。いずれの場合でも言えることだが、建築史はつねに鏡のような存在である。建築を映す鏡。建築は自身を歴史的に定義する際、この鏡をのぞき込むわけだが、鏡はあくまで歴史家の手に握られている。

建築史学の方法や対象範囲に関して、幅広い地域を包括的に扱った本は意外なくらいほとんどないが、国や地域の限定的な展開についてはかなり詳しく検討されるようになっている。**デイヴィッド・ワトキン**の『建築史学の興隆』(一九八〇年)やシモーナ・タレンティの『フランス建築史』(二〇〇〇年)は、いずれも、フランス、イギリス、ドイツ、オーストリア、スイスといった地域ごとの主要な建築史学の展開を扱ったすばらしい調査報告である。[6] **ブルーノ・ゼーヴィ**と**パオロ・ポルトゲージ**が教材としてつくった建築論集『歴史・批評に関する全般的・方法的問題』は、歴史学の方法やその他の問題に関する重要な論考を収録している。[7]『アーキテクチュアル・デザイン』の特別号、「建築史の方法論について」(一九八一)も、さまざまな方法や意見を載せた、いまや古典的業績と言えよう。[8] イヴ・ブラウ[9]とゼイネップ・セリク[10]が編集した一九九〇年代末の『建築史学会誌(JSAH)』特別号は、建築史分野における国際的な教育、研究、制度の調査を行なっている。アメリカ建築史学会は、とくに学会創設五十年にあたる一九九〇年以降、その知的、組織的な遺産に心を配るようになった。[11] イギリス、フランス、ドイツ、オランダ、イタリア、オーストラリア、ニュージーランド[12]も、同様に、建築史家の研究活動を支える国や地域の体制に関して理念および制度の検証につとめている。

近年、建築史家の知的業績に関する研究が進むなかで、建築史分野に貢献した個人の研究手法に多くの注目が集まった。**レイナー・バンハム**、**ジョン・サマーソン**、**ヘンリー=ラッセル・ヒッチコック**、ペヴスナー、ゼーヴィ、**コーリン・ロウ**、**マンフレッド・タフーリ**、こうした建築史家の業績は、彼らの死後、現代の建築家、理論家、建築史家の実践にどのように影響したかという視点から研究された。パナヨティス・トゥニキオティスの『近代建築史の方法論』(一九九九年)は、建築のモダニズムがいかに歴史記述されたかに関する重要な成果である。**アンソニー・ヴィドラー**の『二〇世紀建築の発明』(二〇〇八年)も同様で、現代建築の問題に取り組み、戦後に影響力のあった四人の歴史家、**エミール・カウフマン**、ロウ、バンハム、タフーリの業績に深く鋭く迫っている。[13] こうした建築史家、および、彼らが持ち込んだ批評的、学術的関心については、後ほど、詳述することにしたい。

少しジャンルは違うが、ハリー・フランシス・マルグレイヴの『近代の建築理論』(二〇〇五年)は、ここ二十年の建築理論史のなかでもっとも重要な研究として挙げられる。これは**ハンノ=ヴァルター・クルフト**の『建築論全史』(一九八五年)が成し得た偉大な成果に、さらに深い洞察を加えている。[14] 一九六八年にタフーリが著した『建築のテオリア』は、十五世紀以降の建築文化において変転する歴史の立場を見極めるとともに、同じ文化内に認められる歴史家の手法や役割に理論的洞察を与えている。(15) 建築史家がなしえた理論的な洞察としては、いまだこれに並ぶものはない。

以上の業績は、学術的問題意識を共有しつつも、独自の方法で、相互に関連し合いながら、建築史のあり方、個人や学派としての建築史家のあるべき姿、建築に関する歴史的な知の形成のされ方、建築の知的理論的活動と歴史的質の関係等を問題にしていた。それらはいわばひとつの叢書として、本書の内容を壮大なものにしてくれる。本書はそうした叢書の要点をたどりながら、いくつかのポイントにしたがって、どのような議論が展開されたかを示せればと思う。

本書は五章からなる。第一章では、建築史が近代の学問として領域や指針の参考とした、さまざまな著述や思索や歴史的思考の跡を見ていく。こうした方法を近代、現代の学問が踏まえなくてはならなかったという事実はさておき、本章であきらかにしたいのは、二十世紀、二十一世紀の建築史家が直面した多くの矛盾や混乱は、建築史学がひとつの学問分野として大学に新設された当初、種々異なるモデルを参照したことにはじまるということである。続く第二章は、建築史家が、様式のまとまりや変化、時代、建築家が生涯に手がけた全作品といった評価基準に従って過去を語り、体系化する際のさまざまな方法について検討する。このような考察の先に、第三章は、根拠の問題、それが建築史記述に及ぼす影響に焦点を当て、結果的に建築史家にもたらされる手段と作業内容について検討する。第四章は、建築史がその読者とどのような関係にあるのかを考えながら、有用性や実行性の問題に踏み込み、時代錯誤や歴史的伝統の問題、建築的「プロジェクト」が建築史学に持ち込まれることで生じる概念的問題について考察する。モダニズム推進派の建築史家に見られるこの傾向は二十世紀後半にかなりの批判にさらされたが、われわれはこのケースを、創造と省察と批評の明確な区分に躍起になった建築文化と理解することになるだろう。そして、最終章に至り、建築史学の近年の動向、建築学における「理論の時代」が建築史家にもたらした影響について考察したい(16)。

こうした主題を掘り下げていった先に、当面の課題として、あの難問が待っている。「建築史とは何か?」。これについては、アメリカの建築理論家**ケネス・マイケル・ヘイズ**が次のように記している。

歴史家の仕事は、建物や建築家について記述したり、伝記や解説書や論考をまとめたりすることだけではない。たしかにそういう仕事もする。だがそれ以上に、歴史家がなすべき仕事は、建築の知や活動がもたらすもっと大きな状況に関与すること、すなわち、イデオロギーや歴史や社会現象として現れる多元的な文化の作用に関わることなのである(17)。

このヘイズの見方と、冒頭に引用したヴェルフリンの見方が、時代は違えども同じ建築史の概念的問題だと理解しても、建物にまつわるあらゆる作用を建築史学の基本材料にするといった姿勢にはなかなかつながらないように思われる。しかし、これから見るように、今便利に用いられている建築史学の方法や材料は、歴史家が建築の本質として見極めたものというより、建築史家が手当たり次第に隣接の学問分野に依拠し、ありとあらゆる研究主題に学んだことによるものだ。建築作品があり、今も昔もその背景に思想や芸術や技術といった文化があり続ける。両者の関係を考えれば、文化に対してなされる建築の要求に事実上、際限はないのである。

註

1 Heinrich Wölfflin, *Renaissance and Baroque*, trans. Kathrin Simon (London: Collins, 1964), xi. Originally as *Renaissance und Barock: Eine Untersuchung über Wesen und Entstehung des Barockstils in Italien* (Munich: T. Ackerman, 1888).［上松佑二訳『ルネサンスとバロック──イタリアにおけるバロック様式の成立と本質に関する研究』中央公論美術出版、一九九三年、四頁］

2 ゲッティー研究所（ロサンゼルス）、ナショナル・ギャラリーの視覚芸術研究センター（ワシントンDC）、カナダ建築センター（モントリオール）、スターリング・アンド・フランシーヌ・クラーク研究所（マサチューセッツ州ウィリアムズタウン）、国立美術史研究所（パリ）は、美術史、建築史の専門課程を持つ主要な研究機関で、そこでの研究成果は刊行物にまとめられている。ローマのヘルツィアーナ図書館は、建築史研究において重要な図書館である。さらに、ヴィチェンツァのアンドレア・パラーディオ建築研究国際センター（CISA）、フィレンツェ近郊のハーヴァード大学ルネサンス研究所、トゥールのルネサンス高等研究センター、アインジーデルンのヴェルナー・エクスリン図書館、ロンドンのウォーバーグ研究所、その他多数の大学コレクションがある。これ以上挙げていってもきりがないが、建築史を学術研究する拠点の幅の広さは十分に了解できよう。

3 Giulio Lorenzetti, *Venezia e il suo estuario. Guida storico- artistica* (Venice: Bestetti & Tumminelli, 1926); Engl. edn, *Venice and its Lagoon*, trans. John Guthrie (Padua: Edizioni Erredici, 2002); いわゆるペヴスナー建築ガイドの総目録と来歴についてはwww.pevsner.co.ukを参照。アメリカの建造物についてはアメリカ建築史学会（SAH）のウェブサイトwww.sah.orglindex.php?submenu=Publications&lsrc=gendocs &cref=BUS&ccategory=Publicationsを参照。

4 一九四一年、アメリカ建築史学会（のちに正式名称から「アメリカ」が取られる）が創設された。イギリス建築史学会（SAHGB）の創設は一九五六年、オーストリア・ニュージーランド建築史学会（SAHANZ）の創設は一九八五年である。一九八〇年、アメリカで専門研究の必要に応じる形でヴァナキュラー建築フォーラムが立ち上げられた。同様に、伝統的環境研究国際協会も立ち上げられ、一九八八年に第一回大会が行われた。それぞれ、毎年、半年ごとに定期大会を行っている。一九八八年からは、近代運動を専門とする歴史家たちがドコモモ（Docomomo）の国際大会を年二回開いている。イギリス建築人文学研究協会は二〇〇四年より年二回の大会プログラムを開始し、建築史家をはじめ、他の関連分野の研究者たちに交流の場を提供している。二〇一〇年には、ポルトガルのギマランイスで、ヨーロッパ建築史ネットワークの創立大会が開催され、各国あるいは二国間協力のイベントが多数催される予定である。さらに、建築は、カレッジ・アート・アソシエーション、美術史家協会、ルネサンス研究協会、近代研究協会、美術史国際会議といった、世界中の美術史学会においても活発に検討されている。こうした学会による定例の大会に加え、毎年、多くの専門家が、研究機関、教育機関、図書館、大学等で研究協議を行っている。

5　建築史の専門誌としては、『建築史学会誌（ＪＳＡＨ）』（一九四一年〜）、『Architectural History』（一九五六年〜）、『Fabrications: The Journal of the Society of Architectural Historians, Australia and New Zealand』（一九八九年〜）がある。アンドレア・パラーディオ建築研究国際センターは一九五八年から『Bolletino』誌を、一九八九年からは年報『Annali』を刊行している。ドイツでは一九七二年より、『Architectura: Zeitschrift für Geschichte der Baukunst』が出されている。近年では、さまざまな教育機関および文化機関が、研究成果を報告書や論文集に取りまとめ発行している。（ほんの数例に過ぎないが）こうした専門誌に加えて、建築は隣接分野である美術史、美学、歴史、文化研究の学術誌でも扱われ、建築史はもっと広範な建築人文学分野の学術誌でも扱われる。こうした拡散の傾向は一九七〇年代から、顕著に見られる。

6　Simona Talenti, *L'histoire de l'architecture en France. Émergence d'une discipline (1863-1914)* (Paris: Picard, 2000) ; David Watkin, *The Rise of Architectural History* (London: Architectural Press, 1980)［邦訳　桐敷真次郎訳『建築史学の興隆』中央公論美術出版、一九九三年］.

7　Luciano Patetta (ed.), *Storia dell'architettura. Antologia critica* (Milan: Etas, 1975), 17-54.

8　Demitri Porphyrios (ed.), 'On the Methodology of Architectural History', special issue, *Architectural Design* 51, nos. 6-7 (1981).

9　Eve Blau (ed.), 'Architectural History 1999 / 2000', special issue, *JSAH* 58, no. 3 (September 1999).

10　Zeynep Çelik (ed.), 'Teaching the History of Architecture: A Global Inquiry', special issues, *JSAH*, Part I, 61, no. 3 (September 2002): 333-96 ; Part II, 61, no. 4 (December 2002): 509-58; Part III, 62, no. 1 (March 2003): 75-124.

11 Elisabeth Blair MacDougall (ed.), *The Architectural Historian in America: A Symposium in Celebration of the Fiftieth Anniversary of the Founding of the Society of Architectural Historians*, Studies in the History of Art 35, Center for Advanced Study in the Visual Arts Symposium Papers 19 (Washington, DC: National Gallery of Art ; Hanover and London: University Press of New England, 1990); Gwendolyn Wright & Janet Parks (eds.), *The History of Architecture in American Schools of Architecture, 1865-1975* (New York: Temple Hoyne Buell Center for the Study of American Architecture and Princeton Architectural Press, 1990).

12 Andrew Leach, Antony Moulis & Nicole Sully (eds.), *Shifting Views: Selected Essays in the Architectural History of Australia and New Zealand* (St Lucia, Qld: University of Queensland Press, 2008) 等。

13 Anthony Vidler, *Histories of the Immediate Present: Inventing Architectural Modernism* (Cambridge, Mass.: MIT Press, 2008)［邦訳　今村創平訳『二〇世紀建築の発明――建築史家と読み解かれたモダニズム』鹿島出版会、二〇一二年］.

14 Harry Francis Mallgrave, *Modern Architectural Theory: A Historical Survey, 1673-1968* (Cambridge: Cambridge University Press, 2005); Hanno-Walter Kruft, *Geschichte der Architekturtheorie: Von der Antike bis zur Gegenwart* (Munich: C. H. Beck'she, 1985); Engl. edn, *A History of Architectural Theory from Vitruvius to the Present*, trans. Ronald Taylor, Elsie Callander & Antony Wood (New York: Princeton Architectural Press, 1994)［邦訳　笠覚暁訳『建築論全史』全二巻、中央公論美術出版、二〇〇九、二〇一〇年］.

15 Manfredo Tafuri, *Teorie e storia dell'architettura* (Rome: Laterza, 1968); Engl. edn, *Theories and History of Architecture*, trans. Giorgio Verrecchia from 4th Italian edn (London: Granada, 1980)［邦訳　八束はじめ訳『建築のテオリア――あるいは史的空間の回復』朝日出版社、一九八五年］.

16 Ian Hunter, 'The History of Theory', *Critical Inquiry* 33, no. 1 (Autumn 2006): 78-112 も参考になる。

17 K. Michael Hays, 'Notes on Narrative Method in Historical Interpretation', *Footprint* 1 (Autumn 2007): 23-30, 23.

第一章　近代的な学問の基盤

古物収集家、歴史家、建築家、考古学者たちは、古来より過去の建築について研究してきた。建築に注目することは、建物や都市、遺物や遺跡、歴史的なモニュメントや記念碑を観察すること、また、それらの来歴を問うことにほかならなかった。また、建築は、建設を命じた者、建設に携わった者、建物やその近くに住んだ者の姿を映し出す鏡のような存在でもある。こうした人物に関する情報が少しでもわかる場合は、どのように、そして、どのような理由で建設されたのかを理解することで、われわれの見識はさらに豊かになる。過去の建築が現代人の関心事になると、学者や学生が建築に問いかける主題も多岐にわたるようになった。今から一世紀ちょっと前、ドイツ語圏の大学において、建築史学が美術史学の新設部門として誕生したとき、その方法や概念的な枠組みや基本方針はさまざまな分野から借用されたが、なかでも、考古学、哲学、そして、建築家教育からの影響が大きかった。こうした方法、問題の枠組み、基本方針の多くは、後の世代にまでしっかりと継承され、いまや建築史学に浸透し切っていると言えるほどだ。

建築史は、ある意味、万人に開かれた民主的な学問分野であるにもかかわらず、一世代前の学問から権威ある地位を譲り受けながら、同時に近代的な学問になろうとした。たとえば、十八世紀以降、建築史は建築学校や建築アカデミーで、次世代を担う建築家たちに伝授された。学生たちには将来の職務のために過去が教え込まれ、偉大な建築作品の規範的形式が確立し堅持され、伝統的な表現手法、なかでも古典の伝統が公式化され規則となった。美術史家たちが建築を視覚芸術のひとつとしたことにより、建築家は、画家や彫刻家や版画家と並んで、芸術家とされた。芸術家に関する伝記の執筆が、文学の領域から「科学的な」美術史の領域に移行すると、作家研究は十九世紀末より、建築作品を形式と図像の分析対象としながらも、依然としてその立場を堅持した。十八世紀になると、考古学者たちは、地中海、エーゲ海、アドリア海、紅海周辺で古代の建造物群を探査した。中世建築も考古学者に多くの探究課題をもたらした。イギリス諸島、そして、ヨーロッパの北部および中部にかけては、中世の研究に美術史学や建築史学の萌芽的内容が見られ、建築修復や保存における初期の実践にもつながった。ドイツやイギリスでは、中世研究がロマン主義やナショナリズム運動を後押しした。ドイツ語圏では、十九世紀後半に確立された文化史学の中で、建築は、文化の形跡、視覚造形芸術の歴史および「科学」研究の手がかりとされた。歴史家が文化や文明の有り様を知るのに、建築は、版画とともに重宝された。建造物は、他の資料と突き合わせることで、さまざまなことを理解させてくれた。

こうした歴史研究や分析手法の多くが、現在の建築史家にもいまだに受け継がれている。ここ一世紀半、建築史学は独立した研究分野として存在し続けている。建築史学を、独自の知識と問題意識と方法を備えた学問であると言う人もいるだろう。他方で、建築史学は本来的に学際的な研究分野とも言われる。また一方で、建築史学は、建築学、美術史学、考古学、歴史学といった、もっと大きな学問の特殊分野である、という見方もある。建築史の学問的な自立性を頑なに主張してきた人でも、創成期の寄せ集め状態以前に疑う余地のない本質を見いだせるかといえば、それはなかなか難しいだろう。

建築を歴史的に定義すること

建築史研究者のなかには、ある建築家や建物に認められる規範性を信奉する者がいる。こうした姿勢はいままでは多くの非難を浴びてしまうだろう。とくに一九八〇年代、一九九〇年代以降、建築史学を含む人文科学分野では、ポスト構造主義※1による相対的な見方が台頭してきたからである。にもかかわらず、こうした規範性は、それが究極的にはものの言い方によるのだとしても、それなりの意味はある。(1) 多くの著書で、いまだに、**ペヴスナー**による『ヨーロッパ建築史序説』(一九四三年)の書き出し、「自転車小屋は建物であるが、リンカーン大聖堂は建築である」(2)という一文が引用される。この区分の仕方、あるいは、ペヴスナーの判断をどう思うかは別として、その区分(そして、ペヴスナー自身)が、建築とそうでないものを区別するわれわれの一般的見解になっているのは確かだ。そこから、さらに細かな概念および種別がなされ、建築史が取り扱う範囲と、それ以外が区分されていく。二十世紀の建築史学の進展は、およそ、この基本的な区分に出発し、歴史的問題への応用、根底にある歴史的判

※1　一九六〇〜七〇年代のフランスに起こった思想運動で、構造主義の批判的継承と乗り越えを意図した。西欧思想を特徴付ける客観的普遍的世界観を問題視し、外部・他者・差異といった概念に積極的な意義を認めた。

断、そこに生じる意見の食い違い、といった事柄で説明ができる。

建築家教育に欠かせないような歴史的建造物を考えてみても、美術史家による建築の見識、伝統集落に関する人類学者の見識、城砦に関する軍事史家の見識、建物と都市計画と交易の全体を見ようとする経済学者の見識、ローマ教皇庁の指導を建築の典礼表現に見ようとする教会史家の見識、ほんの数例に過ぎないが、これらの意見の食い違いは相当なものである。たとえ、建築家がかつて手がけた作品に対して独自の洞察を加えたとしても、ある立場の意見が本質的に他の意見に優るということはない。建築は建築学の範囲内で研究されることもあるが、建築を主題としない問題の手がかりとして用いられることも多い。一九二〇年代に建てられた住宅を研究することで、社会や家庭の様子、階級やジェンダー[※2]の作用や構造、あるいは、そうした主題の地域的な差について多くの知見が得られる。あるいは、科学技術や、それが及ぼす日常生活の変化、消費や趣味のあり方などについても考察ができるだろう。建築が社会史や技術史の専門家に考察の手がかりとなるところに、建築史家であれば、「伝統的な」住宅がどのようにしてモダニズムの計画手法に、あるいは、建築部材の大量生産に道を譲るようになったのかを見るだろう。こうして、建築はそれ自身が建築を検証する材料であるとともに、それを設計した人、それを施工した人の意図や意識をうかがう材料にもなる。その住宅は模範例になるのか、それとも、全体的動向を示す例になるのか。それは建築的に重要なのか、それとも、歴史的に重要なのか。

建築史家は、こうしたどっちつかずのあいまいな状況を甘んじて受け入れてきた。建築をさまざまな学問に引き寄せた結果、建築は、いろいろな角度からの考察がどこまでも可能な主題となり、それが建築史家の基礎知識へとフィードバックされることで、主題はますます多様となる。建築史がどのような方向に「進む」べきかについて、あらゆる学会、大学、研究機関に通じる基本的な合意はない。まさにここに映し出される複雑な過程を経て、われわれが検討しようとしている知の伝統は、それぞれに反復し合いながら、近代的な建築史学を特殊な領域と構造にしているのである。

以上の分析は、「近代的な」建築史学が誕生する以前の説明にはならない。むしろ、建築史が二十世紀初頭に他の歴史学分野とはっきりと区別できる学問分野となった際、それが引き受けたありとあらゆる概念や方法に関する問題を浮き彫りにする。この新しい学問分野は、建築の歴史について知られていること、伝えられていることをすべて継承しながら、自らを制度化し、論争を繰り返しながら発展した。歴史記述にまつわるさまざまな問題、すなわち、伝播、様式、分類、評価基準（平面、空間、形態など）、進歩と変化、修復と保存、手段、分析単位、歴史知識の浸透度……これらが、二十世紀の建築史学発展の中で議論された。と同時に、それまで長い間続けられてきた手法、すなわち、過去の建築になんらかの教訓や指針や物語を見出すこと、また、建築が歴史的観点で定義づけられることに対しても見直しが迫られたのである。

※2　社会的、文化的に形成される性のこと。生物学的な性とは区別される。

建築家が遺した建築史

古代の建築論

建築史に関する現存最古の情報は、紀元前一世紀末に**ウィトルウィウス**によって記された。建築家、そして、技師でもあったウィトルウィウスは、皇帝の恩給を目当てに、ローマ建築の実践を記録し、その一般的法則を概説した。それから二千年後のわれわれにとって、ウィトルウィウスの建築的知識が現代的意味を持つとはなかなか思えない。それでも、この『建築書』を著した建築家は、建物の材料や性質、施工方法、計画や配置、さらに、調和の法則、暖房、日照、色彩のことを理解していた。彼は、建築が「オールディナーティオー、ディスポシティオー、エウリュトミア、シュムメトリア、デコル、ディストリブーティオー」[※3]に基づくことを理解していた[3]。また、優れた建物は、強、用、美によって裏づけられることも理解していた[4]。ウィトルウィウスは、（おそらく）初代皇帝アウグストゥスが「現存する建物と将来建てられる建物の質を知る[5]」ことができるように、自身がそれまでに実践し、見聞きしてきた建築の法則をとりまとめたのである。執筆に際し、ウィトルウィウスの目論見はふたつあった。ひとつは、形態、意味、実践の各側面から過去の建物を分析すること。もうひとつは、そうした研究を通じて、優れた建築を生み出せるような原則を見きわめること。ウィトルウィウスが報告するように、ギリシアやローマのすばらしい建築に備わる諸原則を理解することで、今の時代の建築に対しても目利きになれるのだという。皇帝に仕える建築家は、ウィトルウィウスの案内に従って見る目を養い、新しい建造物やモニュメントの構想と実践に向かったのである。

ウィトルウィウスの書が書かれたのは、ローマ建築発展の過渡的な段階で、建築の形態、配置、装飾を規定する構成や技術の諸原則が次第にギリシアや小アジアの建築、ギリシア古典期の建築を手本にするようになった時期だった。したがって、その内容はローマ建築についてであるが、同時に、イオニア地域、ギリシア本国の歴史的な建造物に関するローマ人の考察でもある。こうした地域は、前二世紀の初め頃からローマ人の支配となったが、その芸術や建築はローマ人を魅了した。ローマは、スペインやイギリスから、アルメニアやシリアまで、各地の建築を目の当たりにしたが、ギリシア征服の際に、その土地の技巧的な建築術を自分たちのものとしたのである。ウィトルウィウス時代のローマは、ローマと属州という複合的な建築文化を持っていた。ローマは、ギリシア文化がなお力強く色褪せることなく存在する状況を喜んで受け入れた。そうすることは、ローマにとって何の不都合もなかった。ギリシア人は、歴史の偉大な先達であり、円柱、エンタブレチュア、ペディメントを技巧的に用いた建築術の創始者であった。ギリシアへの敬意と模倣を通じて、ローマ建築も模範的存在となったのである。

※3　引用部分の表記は森田慶一訳『ウィトルーウィウス建築論』(東海大学出版会、一九七九年)一〇～一一頁参照。本書の英語原文ではそれぞれ、Order, Arrangement, Eurythmy, Symmetry, Propriety, Economyとなっている。

小屋から建築へ

ウィトルウィウスの『建築書』には、ローマ建築の起源が二期に分けて説明されている。まず原始時代に、人々は火を囲み、コミュニケーションの術を手にし、共同体を形成し、風雨をしのぐための小屋を建てるようになった（第二書）。そして、この小屋や共同体の習慣や伝統に秩序と意味を与えたのがギリシア人であり、それがやがて非常に高いレベルの模範的存在となった（第四書）。ギリシア建築はこうした秩序の具現であり、建築家たちは建築の表現にますます磨きをかけた。これを模倣し、取り入れ、修正したのがローマ人だった。ウィトルウィウスが伝えるように、建築家たちはギリシア人に倣い、美しく、調和のとれた、バランスの良い建物を実現するために、比例や装飾の体系を駆使した。

第四書（一・八）で、ウィトルウィウスが三種類のオーダー（ドリス式、イオニア式、コリント式）をどのように紹介しているのかを見てみよう。彼によれば、「後の時代の人」ほど「ほっそりとしたプロポーションを好んだ」という。だから、一番どっしりとしているのがドリス式円柱であり、イオニア式、コリント式の順で細身になる。「すらりとした少女の体型」を模したコリント式オーダーがもっとも装飾的であるが、これは「幼い少女の体や手足は非常にほっそりとしているので、装飾を施す余地がある」[6]という理由からだ。近世初期の建築書は、こうしたウィトルウィウスの説を揺るぎない確かなものと捉えた。だが、**セバスティアーノ・セルリオ**（一四七五～一五五四）や**アンドレア・パラーディオ**（一五〇八～八〇）は、古代の記念建造物に関する研究を進めながら、古代ローマの建築家たちが極めて自由にオーダーを用いている事実に困惑した。プロポーションや装飾法についても同様であった。にもかかわらず、ウィトルウィウスはギリシアのオーダーを人体（男性、女性、少女）と関連づけ、その応用例を示すのである。軍事施設には、繊細なコリント式よりは強健なドリス式がふさわしく、ティヴォリやフォルム・ロマヌムのウェスタ神殿[※4]には、成熟したイオニア式や屈強なドリス式よりはコリント式オーダーが適している、といった具合に。

図1　ウィトルウィウスの記述に基づきジョン・シュートが描いたドリス式オーダーとヘラクレス、1563年

記録すること、主張すること

ウィトルウィウス『建築書』には、あきらかに、記録することと主張することの混在がある。そして、この古代建築書に倣った十五世紀以降の建築書も、同じ性格を引き受けることになった。現在のわれわれの立場から、ウィトルウィウスの洞察や、時折見受けられる強引な論法が当時どのように評価されたのかを見きわめることは難しい。ただ、ローマ帝国崩壊からルネサンス到来までの間、ウィ

※4　ウェスタはローマ神話に登場する火と竈の神。処女神とされる。

トルウィウスの書が建設術の重要な手引書でなかったことはたしかなようだ。中世の学者にとって『建築書』はティトゥス・リウィウス[※5]やプロティノス[※6]の著作とならぶ古典書であり、ときに、天文学や占星術や気象学に関して、ローマ人の見識をうかがう資料として読まれた。建築史書として、著述家達の手本になったのは、十五世紀以降のことである。ウィトルウィウスの書には過去の学識や建設法が記されているが、架空の情報やモニュメントについても書かれており、なかにはウィトルウィウスが書いた時代より数世紀前の作品までが含まれていた。ウィトルウィウスは建築の芸術的、科学的情報を解説し、その情報に基づいて現在の建築が従うべき原則や方向性を示した。簡単に言えば、ウィトルウィウスは古代人の知識を吟味し、それを現在あるいは未来の建築家に伝えようとしたのである。

レオン・バッティスタ・アルベルティの『建築論』は、一四五二年頃、教皇ニコラウス五世の在位中（一四四七～五五）にまとめられた。『建築論』の内容の多くは、先行著書である『絵画論』（一四三五年）においてなされた建築的考察を深化させたものである。アルベルティは、透視画法やドローイングについて述べるにあたり、煉瓦やモルタルでできている世界と、建築家が構想する芸術的な領域を区別した。後者は、数学的な手続きと描く行為によって現実世界に近い像として、紙の上に表現（制作）されたものである。研究者**リクワート**が指摘するように、アルベルティにとって、ウィトルウィウスは執筆形式ではなく執筆内容の参考書であった[(7)]。詩、哲学、外交、法に通じた人文学者として、アルベルティは古典建築の法則について解説した。おそらく、もしキケロ[※7]がウィトルウィウスのような技術的な知識に通じていたら、どのように執筆しただろうかと想像しながら。アルベルティは十五世紀当時の読者に向けて執筆したが、読者の想定に建築家が含まれてはいても、けっして建築家だけに向けて執筆したわけではなかった。もちろんアルベルティは建築家でもあったから、建築技術の記述には、しっかりとした知識の裏づけがあった。ウィトルウィウスは第二書と第四書で、建築の起源、社会や文化の発展過程について、技術が引き金となって言語が形成される、すなわち、火から社会的な交流が起こる、あるいは、原始的な小屋からさまざまな法則が生まれると説明している。この説明をアルベルティは変更し、社会を形成し、社会に秩序を与える役割が建築家にあるとした。だから、建築の起源に関する問題について、アルベルティは自分の著作以前の歴史的権威を持ち出すのである。彼は記す。「われわれが建物の特徴について論じようとするのであれば、古の賢人たちがわれわれに書き残したもののなかでもっとも信頼でき、もっとも役に立つ見解、また、彼らの業績のうちにわれわれが認めた原則、そうしたものをかき集め、突き合わせ、選び抜いて、自分たちの仕事に用いるべきだろう(8)」。アルベルティは、先人たちの意見、彼らの残した業績を参考にして建築論を執筆した。それは先人たちのものまねではなく、ウィトルウィウスは作業の枠組として捉えられた。したがって当然、目的も記述内容も異なる。そして、このアルベルティの書が十五世紀における過去との関わり方を決定づけた。建築論だけでなく、建築においても。

※5　ティトゥス・リウィウス（Titus Lvius　前五九〜一七）は古代ローマの歴史家。『ローマ建国史』を著した。
※6　プロティノス（Plotinos　二〇五頃〜二七〇頃）はローマ時代のギリシア人哲学者。新プラトン主義の開祖として知られる。
※7　マルクス・トゥリウス・キケロ（Marcus Tullius Cicero　前一〇六〜前四三）は古代ローマ随一の文人、政治家。膨大な著作はラテン語散文の規範とされる。

建築史の記述

これまでの考察から、歴史家が記す建築に関して、時代や地域を超えて同じ定義がないことは理解しておく必要がある。一九四二年、ペヴスナーは中世建築史の記述法に関し、多くの建築史家が「建築」や「建築家」という言葉を時代錯誤的に用いる、と述べた(9)。建築史はある程度、歴史、歴史学の理論によって形を成すのであり、建築史の範囲や内容は、職能、教義、芸術、工芸、科学、技術の観点から定められる。十五世紀、十六世紀に著された建築書は、古典に基づく歴史的な規範を決定づけ、当時の建物が概念的にも技術的にも関係するような作品を取り扱った。さらに、そうした作品に認められるさまざまな手がかりから、建物の構成的な原則を解き明かした。こうして、建築は遠い過去によって現在を変える実践的な仕組みとなり、この仕組みと結びついた歴史学は建築文化のなかにしっかりと根を下ろし、存在する。建築は、歴史家を通じ、歴史的な基準に照らして、自身を定めることになる。その事実は、たとえ、歴史を超越するような作品であっても、また、その基準が建築とは無関係につくられたとしても変わることはない。

近年でこそ、西洋建築の名作を模範的存在とすることに疑いの目(鋭いまなざし)が向けられることがあるが、それでも、これらははじめて建築家向けに書かれた建築史書において重要な役目を担い、歴史が現在の建築実践に重要という認識を示す材料になった。こうした歴史は、単純に過去の建物が現代建築の前例や模範や手本となるような状況をつくり上げるのではない。また、ある種の建築家の「系譜」を長続きさせるのでもない。より正確に言うなら、建築家向けに書かれる歴史は、特定の「建築」について解説するのであり、その範囲や条件は、現代の読者が、知識、職能、芸術、技術の面で過去とかかわりを持てるように設定される。建築史が建築家の知識や実践を歴史的に位置づけるのであれば、ウィトルウィウスの『建築書』やアルベルティの『建築論』とまったく同じものになるはずがない。実際、建築史書のほとんどが、少しずつちがっている。これらの建築史書の背後には、とりわけ近代の建築史家たちが参考にした他分野の歴史書と同様、自らの主題と、読者として想定する専門家、執筆を依頼したパトロン、建築文化に通じた教養人、これら特定の人物との強い関係がある。多くの建築史家たちは、こうした人間関係を、自身の文筆活動と巧妙にすり合わせてきたのである。

芸術家としての建築家

画家、彫刻家、建築家

画家、建築家、さらに伝記作家としても知られる**ジョルジョ・ヴァザーリ**は、著書『美術家列伝』(一五五〇年第一版、一五六八年第二版)において、古代以来の伝統に倣って、芸術家や工芸家に関して、画家、彫刻家、建築家という分類をしている。[10]『美術家列伝』は、(当時、そして今でも)イタリア・ルネサンスを代表する芸術家に関してまとめられた最初の伝記的、歴史的解説書である。これが美術史のはじまりでもあり、同時にこの業績によって、その後、建築は学問としても制度としても長らく美術史家と強いつながりを持つことになる。ヴァザーリは、今日われわれが建築家と呼んでいる当時の芸術家や工芸家の建築作品を、西洋芸術の歴史的な模範例として記述した。美術史家、建築史家にとって、ヴァザーリは「建築家を芸術家として」捉え、その人物伝で歴史を構築した最初の人物である。このように扱われる人物の素性や内なる制作意欲は芸術家の生涯に求められ、そして、その生涯は芸術家が残した作品によって証拠づけられる。芸術作品は芸術家に関するなんらかの情報を持つ。ヴァルター・ベンヤミン※8によれば、それはとらえどころのない「アウラ」であり、ジョヴァンニ・モレッリ※9(イワン・レルモリエフのペンネームでも知られる)に言わせれば、作品の細部が語りかけてくるものである。モレッリは、耳たぶや爪に、作家特定の手がかり、あるいは、ある時代の作家に共通する形態や意味を探した(11)。芸術を歴史的に捉えるこうした方法が時代遅れになると、われわれは芸術作品を解読する手がかりとして、また別な方法を探すことになるだろう。この探索こそ、近代の建築史学が美術史学と袂を分かち、自立へと向かう最初の兆候である。

芸術家という比喩

ヴァザーリの『美術家列伝』は、芸術や芸術家を捉えるひとつの方法を確立したのであり、それは十六世紀以降、繰り返し用いられた。たとえば、ジョヴァンニ・ピエトロ・ベッローリ※10の『近代の画家、彫刻家、建築家列伝(12)』(一六七二年)、あるいは、アルフレッド・ルロワの『中世から現代までのフランス人芸術家列伝(13)』(一九四一年)には、ヴァザーリ流の手法があきらかに継承されている。むろん、こうした業績は十六世紀のヴァザーリのままではないのだけれども、そこには『美術家列伝』同様に、芸術家の伝記に対する一種の信頼がみてとれる。ヴァザーリは古代の表現技法を発展させてひとつの執筆形式を確立した。われわれが芸術家、建築家の業績について知りたいと思うとき、こうした伝記の存在意義はますます大きくなり、その需要は建築史の学術的な専門書をはるかに上回る。ワールブルク研究所のエルンスト・クリスとオットー・クルツによる『芸術家列伝』(一九三四年、初版）はその代表例だろう。[14]この本の反響は大きく、一九七〇年代末には英訳版が出され、ヴァザーリを含むここ二千年の文学・修辞学の展開を知るのに役立つ。クリスとクルツが述べるところによると、多種多様な伝統のなかで、芸術家はたいてい独学で学び、家畜の番をしながら自然を（木に刻んだり、泥に描いたり）模写したという（自然を模写した素描には家畜が登場する）。芸術家は、その技芸によってしかるべき人物（別な芸術家、もしくは貴族）に見出される。その後、彼らは芸術的才能を開花させるべく徒弟制度の中で修練を積み、ついには独立して自身の作品を手がけてゆく。たとえば、ヴァザーリの本では、**ジュリオ・ロマーノ**に関してラファエロが師の役割を果たしている。こうした修業時代も、いずれは独立していく芸術家のキャリア形成過程を前提にしているのかもしれない。事実ヴァザーリは、ミケランジェロの生涯を説明するのに、ロレンツォ・イル・マニフィコを持ち出している。

フィレンツェ美術アカデミー（一五六二年創立）の一員であったヴァザーリにとって、芸術的な構想（芸術作品を生み出すこと）、生物学的な受胎（命から命を生み出すこと）、錬金術（ある物質をより高級なものに変化させること）は、いずれも芸術家がめざす同じ創造行為を意味した。[15]絵画、彫刻、建築製図といった作業は、神の創造と錬金術、あるい

※8　ヴァルター・ベンヤミン（Walter Benjamin　一八九二〜一九四〇）はドイツの文芸批評家、思想家。芸術作品の存在が備える特有の質が「アウラ」である。ベンヤミンによれば、複製技術は芸術作品から「アウラ」を奪い取るという。

※9　ジョヴァンニ・モレッリ（Giovanni Morelli　一八一六〜九一）はイタリアの美術史家、政治家。絵画作品における小さく目立たない部分にこそ画家の特徴や癖が現れるとした。絵画の鑑定法として知られる。

※10　ジョヴァンニ・ピエトロ・ベッローリ（Giovanni Pietro Bellori　一六一三〜九六）はイタリアの画家、古物研究家。ヴァザーリに倣った著書『列伝』は、主として十七世紀の芸術家を取り上げたもの。

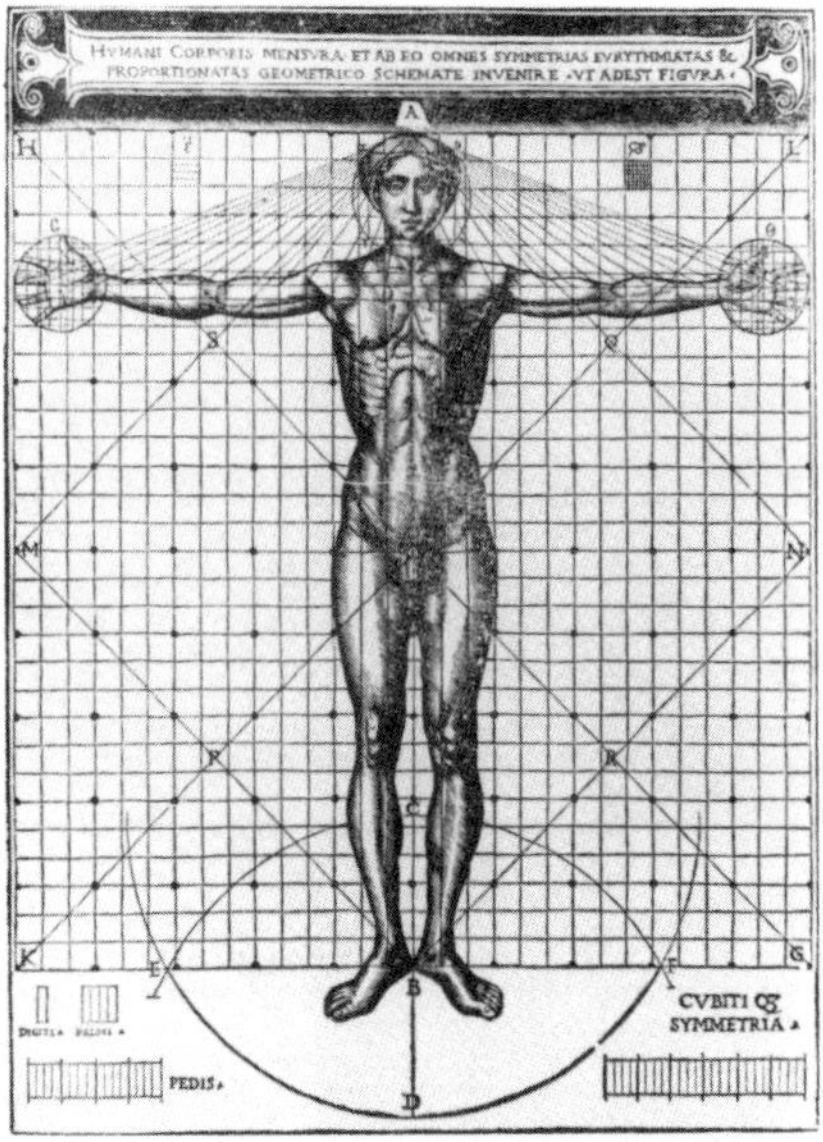

図2　ウィトルウィウスの記述に基づきチェザリアーノが描いた人体と幾何学の関係、1521年

は、自然界に君臨する神の力と魔術の力の中間に位置づけられるような行為であった。芸術表現の最高の形式がミメーシスであり、建築家は芸術家として、自然界に数学的な原理を読み取り、それを基に、平面、立面、装飾のプロポーションすべてに及ぶ法則や関係を導く。模倣のプロセスを通過していくと、その先に創造の自由がある。この理屈は、ウィトルウィウスが起源に関する説明として用いていたものだ。ユダヤ教、キリスト教文化においては、芸術家のモデルは神であり、自身を神の立場とし腕をふるう。神がもたらした比例体系を理解することで、芸術家は細部から全体までを一様に統御するような離れ業をやってのけることができるのである。「その爪からライオンを知る」ということわざが伝えるように、古代ギリシアの彫刻家フェイディアスは、まさに爪だけを見てライオンの全体像を制作した[16]。同じように、建築家も円柱の柱頭から、建物の全体に適用される幾何学的法則を定め、その法則をさまざまな範囲に応用するのである。

ヴァザーリがこうした古代の表現技法にひとつの文学形式を与えたのだとすれば、同時にそれは新しい歴史学の伝統として、十九世紀までの建築家、芸術家に関する著述のあり方を決定づけたことにもなるだろう。そのなかで、美術史のなかに建築家という概念が求められ、後年、美術史学において建築家という存在が受け入れられるようになった。ヴァザーリ、そして、『美術家列伝』に倣って歴史を綴った人たちが建築家に重きを置いたことにより、後代の歴史家には実にさまざまな問題が突きつけられることになった。建築家の生涯に関する情報が、建築作品の説明にどう関連付けられるのか（伝記における因果関係の問題）。どの程度まで、建築作品に建築家の関与を認めることができるのか（作家特定、作家性の問題）。社会制度や歴史的背景の何が、芸術家に影響を及ぼすのか（社会背景がもたらす影響の問題）、幼少期や育ちがどの程度影響を与えるのか（心理的影響の問題）、「師匠」の影響はどの程度あるのか（師弟関係の問題）、その他、階級、民族、ジェンダーといった視点からの検討もあるだろう。ただ、建築作品を分析する者が、建築家に重要性を与えるという構図は、建築史記述において長らく変わらない[17]。そこでは建築家がやってのける「魔術」が、建築史の重要な鍵となる。

作家のいない建築史？

「序」の冒頭で引用した**ハインリッヒ・ヴェルフリン**の一節に立ち戻ってみると、十九世紀末の美術史学にもたらされた新しい試みが、美術および建築芸術の体系的研究への決定的な転換点だった、ということになる。これによって、それまで芸術家のスケッチや逸話を伝記的にまとめたり、作品の来歴を追求したりしていた歴史家の姿勢は、様式や形式の変容過程に迫る科学的な研究となり、さらに（もう一世代後になると）社会における芸術の意味や位置づけを検討する学問へと展開した。美術史学におけるこうした変化は、当時、美術史家として養成され活動していた建築史家たちに大きな影響を与えた。

『ルネサンスとバロック』を書いた四半世紀後、ヴェルフリンは『美術史の基礎概念』の初版（一九一五年）に、「人名なき美術史」という論考を発表し、美術作品がとくに作家との結びつきがなくても美術史として成立することを示した。(18) 絵画、彫刻、建築を論じるのに、必ずしも芸術家や建築家との関連を見る必要はない、ということである。あらゆる芸術作品を形式として読めば、作品は作家論的な範疇から抜け出て、年代記や芸術領域を超えた役割を果たすようになる。こうして、建築の様式史、すなわち、時代とともに建築の姿が変化していくことに対する問題意識が、あらたな重要性を担うようになる。そこでの問題は、もはや、**マデルノ**がミケランジェロに学び、**ボッロミーニ**がマデルノに学んだ、というようなことではない。重要なのは、ルネサンス建築に認められる古典的な質や特徴が、どのように、バロック的な質に取って代わったのか、ということなのだ。（ヴェルフリンによる形式比較の基本を、これから見てゆくのはそうした理由からである。）当たり前のことだが、こうした学問上の変化が、知的文化的に何の前触れもなく、突如起こったのではない。十九世紀に**ヤーコプ・ブルクハルト**が開始した文化史は、美術史学の新しい試みに大きな刺激となっただろうし、ドイツの哲学者、イマヌエル・カント※11、ヨハン・ゴットフリート・フォン・ヘルダー※12が中心となって展開した十九世紀の哲学や美学も前提要因と言えるだろう。

芸術家から作品そのものへ、この美術史学の転換には、現在から過去の芸術作品に対してなされる批評、その距離を縮めることが重要であった。そのためには、過去の芸術作品に、歴史家と、歴史家が対象にする世界、いずれにも共感を呼ぶような抽象的なメカニズムや概念が必要だった。それがあれば、芸術作品は芸術家の存在を、建築作品は建築家の存在を後世にまで生き長らえさせることができる。そうして過去の作品が現代の文化に関係を持つかぎり、さらには、そうした説明が成り立つかぎり、歴史的作品は永遠に現代的であり続ける。(19) ヴェルフリンや同世代の学者が取り組んだのは、考察対象にのめり込むことと、対象から適度な批評的距離をとること、両者のバランスをいかにとるかという課題にほかならず、この課題は二十世紀後半の建築史学の中で再度物議を醸すことになる。その後何度か改訂された『美術史の基礎概念』で、ヴェルフリンは「人名なき美術史」という言い方をしなくなったけれど、その考え方はそれ以前の美術史のあり方に完全なる決別を告げるものとなった。

建築と美術史

十九世紀末の時点で、建築史は、絵画史や彫刻史がそうであったように、美術史学におけるさまざまな変化の波にさらされた。ただ、ヴェルフリンが十六、十七世紀の芸術分野を横断的に論じた点に注目すると、それはヴァザーリが初期ルネサンスの芸術に試みたのと同じである。そうだとすれば、十九世紀後半から二十世紀初頭の歴史家たちが成し遂げた革新性だけでなく、彼らが継承した伝統的手法についても見ておく必要があるだろう。その点ではたしかに、建築家を芸術家と捉える視点は、二十世紀の歴史家にも依然しっかりと受け継がれている。一九〇〇年にベルニーニに関するモノグラフを出したイタリア人のスタニスラオ・フラスケッティにとって、建

※11　イマヌエル・カント（Immanuel Kant　一七二四〜一八〇四）はドイツの哲学者。合理論と経験論をもって批判哲学を打ち立てた。人間の認識のあり方を問題にした点に功績がある。

※12　ヨハン・ゴットフリート・フォン・ヘルダー（Johann Gottfried von Herder　一七四四〜一八〇三）はドイツの哲学者、作家。著書に『言語起源論』、『人類歴史哲学考』など。

築作品は芸術的な意図や作家の技量を示す証拠であった。[20] フラスケッティの研究は歴史的な分析と評価がきちんと関連づけられてはいるが、芸術的な影響、地域的差異、作家特定の方法や要領は、ほとんど十七世紀にヴァザーリが体系的に確立した分類法に従っている。それでも、作家の若い頃や周辺の状況を再考することで、その建築家についてこれまで言われてきた芸術家としての評判や人物像が覆されることがある。[21]

建築と実証に基づく知

建築史と実証主義

建築に関する歴史的記述は、ウィトルウィウスやアルベルティの建築書に認められ、また、芸術家の生涯に関しては、ヴァザーリや、その追随者たちが今日につながる手法を打ち立てたわけだが、古代や中世の建築遺構がどのように記録されたのかという展開も、建築の歴史認識をうかがうのに別な切り口となる。言うまでもなく、近代の建築史家たちもこの伝統に浴している。十八世紀に実証科学が起こり、普及したことにより、建物、遺跡、記念碑は、それぞれ個別の人工物として捉えられるようになった。建物の痕跡を記録する考古学者、あるいは、考古学者が駆使する実測、記録、分析、推定結果を借用する建築家にとって、建物の設計者や施工者を特定することや、建物やその現場が建築に値するかといったことは重要ではなかった。考古学にとって建築は、観察、実測、推論を差し向ける公平無私の研究対象でしかない。

むろん、古代の建造物や都市を記録しようとする専門家たちに、積極的な動機がないということではない。彼らは高度な文明をもつ帝国の領土や技術がどのように拡大していったのかに興味を寄せ、その痕跡をエジプトの砂やローマの粘土に求める。彼らの分析方法が研究動機を切り離すようになったのは、十九世紀後半より二十世紀にかけて発展した文献学に関係がある。純粋な文化的知を追い求める文献学は、考古学が実証性を重んじ、過去の遺構をひたすら記録するのと同じで、ローマの歴史家リウィウスの記述に彩りを添えるような絵画があったとしても顧みない。世界の遺物を正しくありのままに記録するという目的からすれば、記述内容を生き生きと見せる目的で描かれた挿絵は、かえって足でまといになるからである。

図3　ブルネレスキによるサンタ・マリア・デル・フィオーレ大聖堂のドーム

アルベルティの時代になって、ローマ遺跡への関心が再燃すると、古代都市に残る建造物を実測し、現代建築のモデルとしてしっかりと把握するような伝統が生まれる。[22] **フィリッポ・ブルネレスキ**がサンタ・マリア・デル・フィオーレ大聖堂に実現したドーム屋根（一四一八〜三六年）は、ローマ・パンテオンのドーム屋根を参考にした偉業であるが、伝えられているところによると、ブルネレスキは**ドナテッロ**とともにパンテオンへ赴き、ドーム屋根に対して構造的な解析を重ねたという。[23] 建築書には決まって寸法や縮尺の入った図面が載せられるが、こうした実証的な手続きを経ることによって、古代建築に基づく建築設計の信頼性を保証することにもなった。したがって、過去の建物の測量は、ウィトルウィウスやアルベルティの書が示した比例や形態や意味の体系を補強するプロセスであった。

過去を研究すること

古物収集家、考古学者、建築家のちがいを掘り下げるために、十六世紀の建築家、セルリオ、パラーディオ、**ピッロ・リゴーリオ**（一五一〇頃〜八三）を見てみよう。セルリオの『建築の基本原理』（一五三七年）は、古代建築の実測から導かれた七つの法則および原理を提示した最初の建築書である。五巻本の『建築全集』には、古物はもちろん、古代の建築とモニュメントを描いた寸法入りの図面が載せられた（第三書）。パラーディオも同様に、ローマの古代建築を過去の芸術的業績の頂点として取り上げ、設計の参考になるような情報を読み取ろうとした。パラーディオの『建築四書』（一五七〇年）には、古代建築がほぼ無傷の姿で描かれ、現存する遺構の断片から推測された復元図（壁の断面や円柱など）が載せられ、自身の作品を交えながら、過去に失われたであろう住宅や「あまり知られていない」住宅例を掲載している[24]（第二書）。

リゴーリオは、考古学者の先駆けとも言える手法で、ローマの発掘調査に臨んだ人物である。彼はティヴォリにあるハドリアヌス帝の別荘地を発掘した（一五四九年以降）ほか、古代ローマの都市図『古代都市図』を描いた（一五六一年以降）。彼の壮大な都市図が、一世紀以上後に、ジャンバッティスタ・ノッリ（『ローマ新図』、一七四八年）や**ジョヴァンニ・バッティスタ・ピラネージ**（『古代ローマのカンプス・マルティウス』、一七六二年）の布石になったことはまちがいない(25)。

セルリオ、リゴーリオ、パラーディオらが行った十六世紀の研究は、時を経てもなおローマが文化的権威を保持しているという見識をさらに強めた。こうした建築家たちは、現代建築に資する古代建築の情報を丹念に見極めるべく実測をしたのだった。こうしたなか、フランス人科学者にして医者の**クロード・ペロー**（一六一三〜八八）は、ローマ建築のオーダー

図5　パラーディオによるコンスタンティヌス帝バシリカの復元図　『建築四書』より

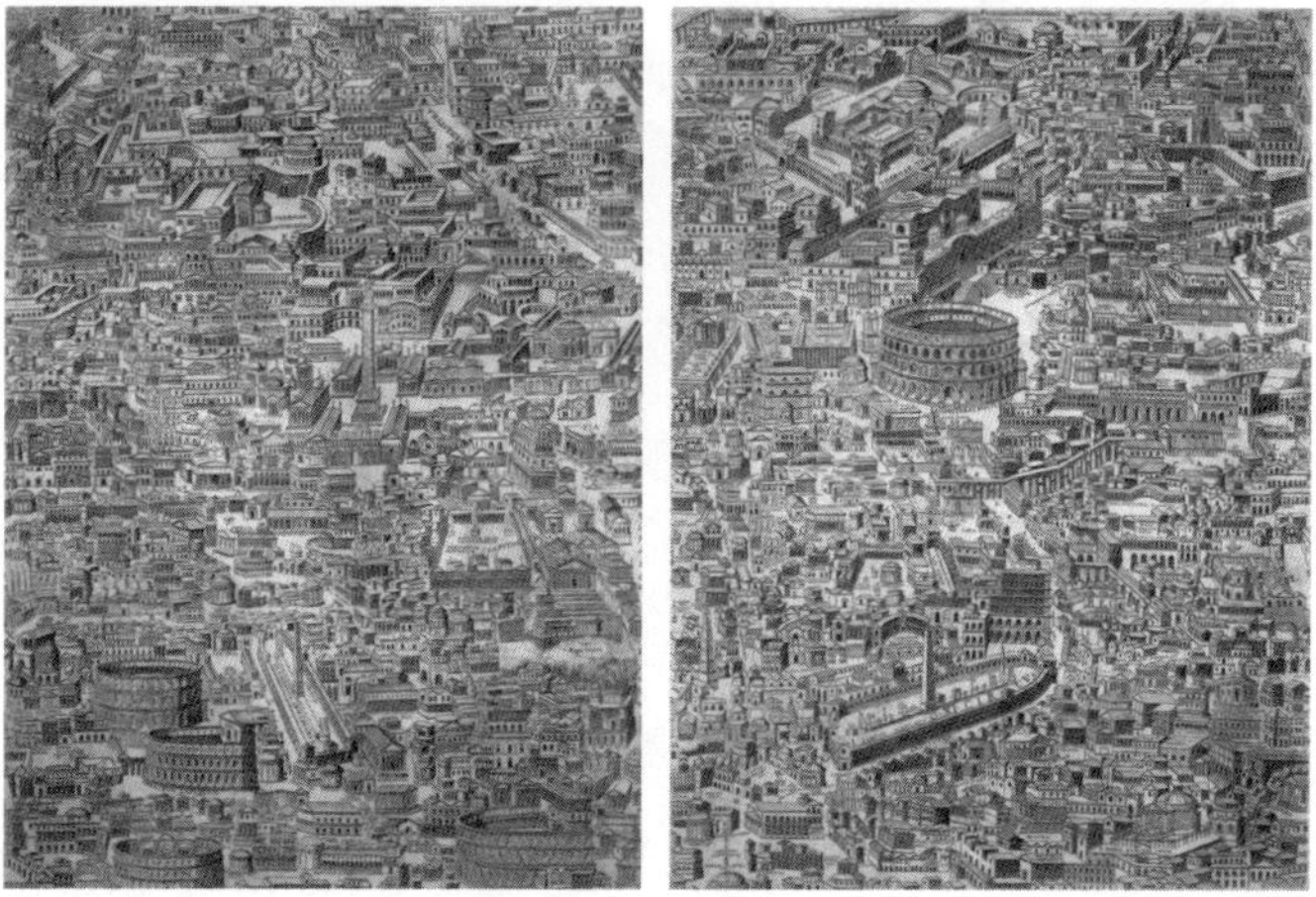

図6　ピッロ・リゴーリオによる『古代都市図』、1561年

寸法には相当なばらつきがあることを示した上で、こうしたオーダーが自然に倣ったという説明には無理があり、むしろ各寸法はそれぞれの都合で定められたのだと主張した。ペローは「絶対的な美」と「慣習に基づく美」について述べる。「絶対的な美」に照らして言えば、あるドリス式円柱と別な円柱の円周が異なるのは、この操作が誰もが認める普遍的な基準に逆らって行われたことを意味する。建築家たちは、古典の伝統に基づくそれぞれのオーダーにこうした微妙な差を入れ込むことを取り決めたのかもしれない。種々のオーダーの規則正しさも、その範囲内で行われた創意工夫も、慣習に基づく美の範疇にあるのだろう。万人に通用する美の希求は、人間のより高い見識が求めた多様性を、科学的な測量や平均の法則に置き換えることにほかならない。一方、ある伝統のなかで慣習に基づく美を理解することは、美のあり方が時代とともに変化するという事実を認めることである。

ペローは、著書『古代人の手法による五種類の円柱の規則』（一六八三年）のなかで、比率、円周、その他に関する実証的なデータを平均し、建築オーダーの新しい体系となる法則を提案した[26]。ペローによる建築史の研究方法は、自然史研究で用いられていた方法そのものだった。彼はギリシア人やローマ人によるオーダーの「法則」を疑問視し、古代人の法則を、配置法、構成法、装飾法に関する合理的なシステムに変えてしまった。ペローは、ある実証的な基盤の上に古典建築を再構築する可能性を示したのである。そのとき、オーダーは、その出自に関する物語とは無関係に用いられる。オーダーの権威は、それが歴史的な存在であり、著名な古代建築と関係を持つ点に認められ、その美を根拠づけていた古い神話とは関係をなくしたのであった。

ギリシア対ローマ

シャルル・ペローは、兄のクロード・ペローが行った建築への深い洞察を、さらに別な哲学的問題として捉えた。一六八八年から一六九七年に書かれた四巻本『古代人と近代人の比較、芸術的なものと科学的なもの』では、あきらかにローマ、そして、ローマを手本とする人文主義者たちを、ローマに先立つ「古代人」の影響下に位置づけようとした。ギリシアはローマに比肩するもうひとつの古代モデルではあったが、(近世の)フランスではまだあまり注目されていなかった。

ギリシアかローマかという「論争」は、次第にパリ対ローマ、という対立の構図になっていった。後期人文主義者の見方にしたがえば、古代の影響力は現代文明にまで及び、その影響下にわれわれの生活や文化が息づく。ローマは往時の偉容を残し、美しいモニュメントや遺構の集積地として、現代を偉大な過去に結びつけてきた。ただ、これにフランスの貴族たちが異議を唱えたのであり、(ローマを含めた)すべての権威はそれ自体で揺るぎない価値を証明しなければならなくなった。パリの思想家たちは、ローマに対抗する要素としてギリシアを持ち出した。それはローマに先立つ古代文明にして、ローマが深く影響を受けたモデルであり、二千年のヨーロッパ文化の基礎をなす先進的な社会だった。

ギリシアへの遠征は、オスマン・トルコの沈滞と衰退に乗じて、十八世紀半ば以降、急速に現実味を帯びた。フランス人考古学者、ジュリアン・デイヴィッド・ル・ロワ、さらに、イギリス人のジェームズ・スチュワート(「アテネ人」の異名をとる)、ニコラス・レヴェットは、広範囲の実地調査に基づき、ギリシアの記念建造物の実測図集を出版した。ル・ロワによる『ギリシアの遺跡と美しいモニュメント』（一七五八年）、スチュワート、レヴェットによる『アテネの古代建築』（一七六二〜一八一六、一八三〇年、当初は四巻であったが、後に五巻本となる）等。[27] こうして、ローマに先立つギリシアに関する知識が爆発的に増えたのが十八世紀であり、その最新情報に「近代人」側に賛同する者が次々と集まったのである。

古典の伝統は、ローマ建築を起点に、何世紀にもわたって存続したのであったが、ギリシアの建物やモニュメントは建築史において影の薄い存在であった。文学的に知られてはいても、かなり縁遠い存在であった。実際、当時もっとも影響力のあった著書が、直接の体験からではなく、過去の文献情報によって綴られていたくらいである。プロシアのヨハン・ヨアヒム・ヴィンケルマンは、壮麗なローマ文化が、それに先立つ、さらに偉大なギリシアからもたらされたものであることを、『ギリシア建築模倣論』（一七五五年）で主張した。[28] 古物鑑定家、収集家のピエール・ジャン・マリエット（一六九四〜一七七七）も、ギリシアがローマに優る古代であり、近代的なモデルになることを示そうとした。マリエットは、ローマを、神話や伝説や、強い神政が形づくる古い秩序とみなしたのである。ローマがいまだに続く人文主義の系譜にあるのだとすると、ギリシアは啓蒙主義の流れのなかに登場させられたのであった。[29]

一七六〇年代、マリエットとピラネージが激しく火花を散らした論争は、古代ローマ建築がギリシア建築の「進化した形」なのか、それとも、「土着的」エトルリア建築の後継なのか、という問題におさまるものではなかった。[30] ピラネージは古典の伝統を築いたローマの独創性を擁護する立場を取ったのであるが、ピラネージにとって、フランス人、ドイツ人、イギリス人考古学者が持ち出してきたものは、ノッリが描いた表現力に富む古代ローマのイメージ（ピラネージ自身も手伝っていた）と同じ土壌にあり、ティトゥス・リウィウスの古代ローマ史と何ら変わるものではないように思われた。[31] ピラネージは考古学者として、遺跡を客観的に記録する達人として認められてはいたが、彼の描くローマの景観や科学的な研究成果を逸脱するような内容を見ると、ピラネージを単純に古物研究家や人文主義者とすることはできない。ピラネージについては、実測術と神話的伝承の両方が揃うことで、それぞれが単独では実現できないほどの力強い歴史的成果につながった例と言えよう。

過去に起きた事実

十八世紀に古代の建造物および遺跡の研究にもたらされた手法は、建築史学の技法としても確固たる立場を築くようになった。誰がつくったのか、どのような意味が込められているのか、どのような時代背景があったのか、といった主題とは無関係に、観察、実測、記録を通じて人工物そのものが調査され、知られるようになった。こうした情報が、建設技術に関する学識やその歴史と付き合わされることによって、建設の概要が推定され、かなりの精度で年代が特定されるようになった。こうした方法は、ここ二世紀の間に確立されたものであるが、フランス人の歴史家ミシェル・フーコー※13が指摘したように、[32] たとえ知識の探究それ自体を目的とする実証主義者であっ

※13　ミシェル・フーコー（Michel Foucault 一九二六〜八四）はフランスの哲学者。知がどのように発生し、展開してきたかに関心を寄せたほか、知と権力の関係についても幅広く論じた。フーコーが用いる「エピステーメー」は、ある時代、ある社会の知の成立を規定する枠組といった意味。

ても、イデオロギーと無縁ではいられず、どのように役立つのか、どのように応用されるのか、どのように権力を振るうのか、といった問題が、知識の探究にはついてまわる。例えば、近代の建築史家第一世代※14の業績においては、建築物を美学に結びつけることで実証主義の修正が試みられた。こうして学問的にさまざまな曲折を経るわけだが、実測という作業は、それ以降も建築史研究の基本的な手法であり続けている。

建築と文化

ハイ・カルチャーとロー・カルチャー

パラーディオやピラネージは、先験としてあった建築の定義に従って、建築の基礎となる芸術および技術の原則に向き合い、結果として、歴史的権威に向かい、それぞれの建築の定義を見定めた。すなわち、古典の伝統こそが、ギリシアやローマの古代建築や記念碑を参照させたのである。パラーディオもピラネージも古典の伝統の範囲内で精力的にさまざまな検証を行ったわけだが、それでも創造の余地はあった。このような伝統の下に行われる建築の創造行為は、歴史の制約を受けるものであった。そして、知識の体系化が進み、人工物の価値に優劣がなくなると、一連の知見は十九世紀半ばに、実証科学から新たな文化科学へと引き継がれた。文化科学は、文化史と言うほうがわかりやすいのかもしれない。こうした知の変遷、学術的展開のなかで、どちらかと言えば高尚な建築芸術に対して異議が唱えられた。文化史の問題意識や手法は、いまや人間社会にまつわるあらゆる対象に用いられるのであり、そこでは、建物とて一足のシューズと同じ扱いを受ける(33)。どんな種類の建物でも、あまり注目されてこなかった建築の細部でも、これまで模範とされてこなかった様式や地域的な特徴でも、ありとあらゆるものが文化研究には意味があるという考え方が出てきた。これによって、ある種の建築が他の建物とどのように区別されるのか、という哲学的な問いは意味をなくした。

全体と細部の間

今日の建築史家が取り組む研究主題には、戦後のオーストラリア郊外を特徴づけるセルフ・リノベーションの習慣、ニューヨークの公営プールに起きる人種問題といったものがあるのかもしれない。こうした主題がなぜ建築史の範囲内にあるのかについてあらためて説明する必要はないように思われるが、かつては、模範的作品にならないような対象を研究するなど考えられなかった(34)。今日の建築や建築史の範囲がこのように広がったのは、十九世紀の文化科学が果たした業績を抜きには語りえない(35)。建築史学が二十世紀に確立されるなかで、四つの学問分野を基盤としたわけだが、方法に関してもっとも大きな影響を受けたのが文化史であった。建築史研究の題材、問題、意義のあり方を見ると、他の学問分野からの影響とともに、十九世紀に発展した文化史にかなり触発されたことがわかる。

一八六七年に出版された『イタリア・ルネサンスの歴史』において、ヤーコプ・ブルクハルトは文化的知性を担う職能として建築家の誕生を認め、また、十四、十五世紀のイタリアを商業文化として捉えた(36)。イタリア・ル

※14　グルリット、シュマルゾー、ヴェルフリン等のこと。

ネサンスの個人にもたらされた変化――もちろん社会自体の変化でもある――は、はじめて、個人が芸術的な業績をあげることに道を拓いた。そうなると、文化は時代を分析する新たな評価軸となり、その分析には個人も含まれる。すなわちブルクハルトは、芸術家を文化的観点で説明するという点を除けば、ヴァザーリの手法を無効にしたわけではなかった。文化史が美術や建築の歴史を取り込むかぎり、芸術家の生涯や作品も分析対象になる。たとえば、十六世紀以降に伝記や歴史学の主題とされた芸術家の人物像には、古代を理想とする価値基準や考え方が自ずと含まれるわけだ。たしかにブルクハルトも、十四世紀に神の支配する封建的な社会のあり方に変化がもたらされ、それにともなって建築の表現も変わったのだと説明している。「自治都市では、各都市が威信をかけて壮麗な大聖堂の建設に挑み、近隣の都市を出し抜こうと必死になった。浮き沈みの激しい単純な献納制度は、やがて行政が決定権を握る徴税制度へと変わっていった」[37]。文化は建物や絵画や服装といったものに吹きこまれ、それらが文化の表出を見る材料になるという考えは、建築史学に対しふたつの問題を投げかける。第一に、建築史家は、あるエピステーメー、知の体系の影響下にありながら、それ自体では芸術として完結している人工物をどのように文化的と捉えるのか、という問題。別な言い方をすれば、文化を超えた振る舞いをする人工物はないのか、あるいは、そのような動きは想定されないのか、という問題。第二に、建物や記念碑、建築家の作品に文化的影響を見る際、すなわち、芸術を純粋で素朴な文化の表出と見る際、個別的事象と全体的事象をどのようにすり合わせるのか、という問題である。

ブルクハルトがイタリアの特殊性を認め注目したこの時代に、ジュール・ミシュレは『フランス史』（七巻本、一八三五～六七年）で「ルネサンス」という名称を与えた。ミシュレは建築に関する冒頭の記述で、ブルネレスキによるサンタ・マリア・デル・フィオーレ大聖堂のドームを、理性と数学に基づくルネサンス建築最初の例として紹介した。この時代の重要性は次のように記述されている。「芸術が終わり、そして、ふたたび開始された」。中世の「スコラ学の時代」がほどなく終わり、合理的な思考、古代の再生、人間によって世界が発見される時代になった。[38]続くブルクハルトの『イタリア・ルネサンスの文化』[39]（一八六〇年）によって、再生という概念はますます学術界に広まり、ヴェルフリンが一八八八年にルネサンスからバロックへ至る様式の変容過程を問題にする頃には、歴史学用語としてルネサンスはしっかりと定着していた。ここで重要なのは、ミシュレやブルクハルトが、ルネサンスを芸術や支配体制ではなく、それ自体でひとつの統一的なまとまりを示し、さまざまな兆候によって全体を把握する文化の特性と捉えたことである。だからこそ、ルネサンス文化は、絵画、建築、詩といったあらゆる芸術を含む総合的な基盤となった。[40]その後の歴史家たちが、技術や経済の下支えがなければ十四、十五世紀の学識や芸術の発展はなかったと主張するようになるにしても、ミシュレの提示したルネサンスという大きなまとまりは、支配的な枠組みとしてなお健在で、二十世紀の建築史学においても古代の「再生」という局面を意味し続けている。

芸術および文化科学で扱われる建築

ブルクハルトは自身の生きた時代を、過去を研究するのに「もっとも環境が整った」時代と言った。彼は「資料上の強みについて」次のように述べている。

旅行や言語学、また、文献学の飛躍的進展によって、現代の文学研究は多様に展開している。過去の記録の参照、旅行や複製技術、とりわけ写真によって、いまやモニュメントは万人の手中にある。また、政府や学術機関の膨大な資料群も利用することができる。こうした資料はサン・モール学派[※15]や歴史家ムラトーリ[※16]の時代に比べれば、偏見のない純粋な歴史の素材となっている(41)。

「純粋な歴史」とは、過去を合理的に扱うことのできる歴史のことであり、その流れは十九世紀に自然を征服していった科学と似ていた。「この二つの学問だけが、公平かつ客観的な姿勢で事物の動きに迫ることができた(42)」、とブルクハルトは述べている。その証拠に、もっとも影響力のあったブルクハルトのイタリアの芸術、文化に関する著作は、チャールズ・ダーウィンの『種の起源』(一八五九年)や、**ゴットフリート・ゼンパー**の『様式論』(一八六〇年)と同時期に出されている(43)。この二冊は、ブルクハルトの『イタリア・ルネサンスの文化』と並んで、大きな現象を理論的に説明する試みだった。ダーウィンは生物、ゼンパーは創造、ブルクハルトは文化を対象にした。ブルクハルトが認めたように、広範な情報の収集と整理、複製技術の登場、未踏の地の制覇、こうした条件が揃わなかったら達成できなかったはずである。自然科学はもちろん、文化科学もそうだった(44)。

十九世紀の終わりに、中央ヨーロッパの大学に美術史学講座が開かれた。ご存じのように、一八八六年よりブルクハルト自身バーゼル大学で美術史の教鞭をとることになった。この新しい学問は、文化科学の一分野を担うわけだから、芸術家の伝記執筆や、芸術作品の鑑定ではなく、芸術に対して「科学的な」方法をとる。大学で教鞭をとる美術史家の第一世代は、文化科学分野に属していた。建築は芸術学の一部門であり、建築家も芸術家に含まれた。いずれもが、当時の史料や遺構を手がかりに、文化の担い手として捉えられた。文化史家にとって、建築は作家個人の生涯や作品を超えたスケールで大きな時代の進展を示したり、建築書に記述される建築概念の歴史にはうかがえない時代の流れを映し出したりする。建築史が捉えるのは、有形物を通じた文明の跡であった。(45)

ブルクハルトの業績には、建築家という職能の誕生を認めたこと以外に、たとえば、史料と論文を区別したことも挙げられよう。この違いが、建築史を記述する際に求められる学術的客観性を保証する。「(史料は)純然たる事実を示しているのだから、そこからどのような結論を引き出すかが重要になる。一方、論文は、結論へ到達する過程であり、ある程度加工された事実を示している(46)」。その後、弟子のヴェルフリンは、視覚および視覚経験の歴史を書こうとしたときに、建物そのものを「史料」と見なした。「人名なき美術史」というヴェルフリンの着想は、人工物を文化指標として解読しようとしたブルクハルトの試みにかなり刺激を得たものであった。ヴェルフリンは、建物と衣装の類似を説明するにあたり、「人間を取り巻く全般的状況が、建築の質を決める……あらゆる建築様式はその時代の人々の趣向や姿勢を映し出す(47)」と主張した。ヴェルフリンに学んだ**パウル・フランクル**や**ジークフリート・ギーディオン**がさらに幅広い建築史研究を展開していくが、ある程度は以上に示した歴史の捉え方が出発点になっている。彼らが近代主義的な時代精神に入れ込んだことが良い例である。

※15　ベネディクト会の一修族で、一六二一年にパリに発足。学問研究を任務と定め、すぐれた学者を多数輩出した。

※16　ムラトーリ(Ludovico Antonio Muratori　一六七二〜一七五〇)は十八世紀イタリアの歴史家。ミラノの図書館で新約聖書に収めるべき写本(ムラトーリ断章)を発見したことで知られる。

ブルクハルトにはじまり、ヴェルフリン、フランクル、ギーディオンまで、三世代に渡る学者の業績をひとつの学術的変遷として捉えると、そこに、建築を文化史として記述すること、さらに、建築を文化史という広い視点で論じること、こうした二重の取り組みが見えてくる。その代表例を、**アロイス・リーグル**の業績に見ることができる。ブルクハルトが作品価値の優劣を無効化したことによって、傍流の美術史研究（あまり注目されてこなかった作品や制作、末期の様式）に道が拓かれたわけだが、リーグルはそれをさらに深化させた。『美術様式論』（一八九三年）、『末期ローマの美術工芸』（一九〇一年）といった著書で、リーグルは芸術的に「価値の低い」装飾や装飾具を研究し、芸術制作の意欲を探った。[48] ここで、リーグルが分析する「対象」は、芸術作品そのものではなく、芸術制作の意志であった。芸術や文化や精神現象の建築への表れ方を考察することで、建築にもたらされる時代の変化がどのように文化の深層に影響を及ぼすのかを捉えようとしたのである。

「古典」文化史に用いられた分析手法や考え方は、二十世紀初頭に、実証的研究、文献学、その他の新しい学識と結びついて、建築を論じる多様な方法へ変化した。こうした新たな取り組みによって、建築史の学問領域は拡大したのであり、方法や問題意識に関しては、後年もっと攻撃的な批判哲学へつながっていく。[49]

近代的な学問とは？

建築史がひとつの学問分野として認知されるのに二十世紀半ばまでかかったということは、制度や認識の定着にそれなりの時間を要したということだ。建築史学は文化科学の歴史的主題である建築を頼りにするがゆえ、建築史家の著書や論文や講義には、建築の技術的な特性、実務的内容が入り込んでくるはずだ。しかし初期の建築史はたいていが、ある建築家の生涯に関する情報や作品分析、その作家を取り上げる意味の検討、といったさまざまな目標の組み合わせでしかなく、別な建築家や別な建築的問題からすると、間接的にしか建築に触れていないものも多かった。「建築史家」という言葉は、二十世紀前半までに活躍した人物に当てはめると、ほぼ例外なく違和感がある。第二次大戦後でさえ、学問性に対する強い意識があったにもかかわらず、より大きな学問の特殊部門と理解した方がよいような状況があった。たとえば、美術史家の立場で建築を、あるいは、建築家の立場で歴史を扱うような例である。そもそも自らを建築史家と位置づけた人はきわめて少なかった事実を見逃すべきではない。建築史の研究方法や記述法の学問的精度が高まったといっても、十九世紀末以降、伝統的手法を抜け出て新しい建築史研究をめざした人の多くが、人文主義的な姿勢はそのままに学問の自立性を求めたのであった。こうした転換期に見られる特徴は枚挙にいとまがないが、やはり重要なのは、建築史の学術的方向性が、全体としてちぐはぐで玉虫色だったという事実である。

一八五〇年代、一八六〇年代、ドイツやスイスに生まれた世代が、建築史を近代的な学問あるいは研究分野に推し進めた。**コルネリウス・グルリット**は、ドイツ建築家連盟の会長を務め、ドレスデン工科大学で美術史、建築史を教えた。彼はそれまでの十七世紀バロック建築を総ざらいする体系的学問を打ち立てた。(50) 同じくドイツ人の**アウグスト・シュマルゾー**は、ブレスラウ、ゲッティンゲン、ベルリンで美術史を教え、一八八八年には、フィレンツェに美術史研究所を立ち上げた。彼の業績は、十八世紀、十九世紀に進展した美学の成果を踏まえ、建築の空間、認識、身体的体験を主題とするものだった。(51) リーグルはウィーン大学で美術史を教えたが、一八八二年になるとそこに美術史家**フランツ・ヴィックホフ**が加わる。この両者は**モーリッツ・タウジング**のもとで学び、ジョヴァンニ・モレッリの研究、とくに作品の鑑定や作家の特定に関する「科学的な」手法、いわば精神分析学のはしりとも言える手法に関心を寄せた。

本書の冒頭にハイリッヒ・ヴェルフリンの一節を引用したが、彼の博士論文や著書は、グルリットやシュマルゾーの業績に刺激を受けたものである。ヴェルフリンの初期の著作は、歴史的建築を形式的、心理学的に捉える方法的関心を持っている。(52) 以上に紹介した学者のなかで一番若いヴェルフリンは、弟子たちの重要な貢献もあって、二十世紀の建築史学に多大な影響を及ぼした。グルリット、シュマルゾー、リーグル、ヴィックホフらとともに、ヴェルフリンは美術・建築の研究に新たな手法をもたらしたのであった。(53)

以上わずかな例を見ても、なかなか建築史学の体系的な流れに見えてこないが、ドイツ語圏に限ってもけっして一体的な動きをしていたのではなかった。建築史は使用言語の範囲で異なる展開をしていたのであり、ドイツ語圏の建築史家だけに注目しても、フランス語圏、英語圏と同様、かなりのばらつきがある。現在われわれが認識している建築史学は、けっして「ひとつながり」で進んできたのではなかった。この学問分野の形成はもっと偶発的で、広範な地域に起こった多様な関心が一気に集まることで生じたのである。

ドイツ語圏以外の主要業績を見ると、イギリスでは建築家の**ジョセフ・グウィルト**(一七八四〜一八六三)、ジェームズ・ファーガソン(一八〇八〜八六)、バーニスター・フライト・フレッチャー(一八六六〜一九五三)が、帝国主義的な世界戦略のなかで、建築の職務にあたった。(54) 彼らにとって、イギリスや、その植民地、属領にふさわしい(「真の」)原理やモデルは歴史に見出された。フランス語圏では、フランスとベルギーが、考古学と建築遺産の現場から多くを吸収した。フランスでは、建築家の**ウジェーヌ・エマニュエル・ヴィオレ=ル=デュク**(一八一四〜

七九）、考古学者の**ルイ・クーラジョ**（一八四一～九六）が、ベルギーでは、歴史家のアントワーヌ・シェイズ（一八〇八～五九）が、広範囲に及ぶ中世建築の修復と保存を通じて、芸術や建築の地域的な特徴を捉えようとした。また、こうした作業は新たに浮上してきた国家のアイデンティティー問題とも、さらに、彼ら自身の心情とも結びついていた[55]。イタリアでは、ヨーロッパ文化に及ぼしてきた影響力の大きさに鑑みて、文化遺産という意識が高まった。そのなかで、美術史家**アドルフォ・ヴェントゥーリ**（一八五六～一九四一）は、自国の美術史を取り扱った愛国主義的な著作『イタリア美術の歴史』（二十五巻、一九〇一～四〇）をまとめた。アメリカに目を移すと、ベンソン・ロッシング[※17]（一八一三～九一）、**ルイーザ・キャロライン・タットヒル**（一七九八～一八七九）がアメリカの文化史に取り組み、そのなかで、文化的に近く地理的に遠い存在として、ヨーロッパを捉え直す作業に着手した[56]。

以上は、十九世紀の建築史に新機軸を与えた個人や学派に関するほんのわずかな例証に過ぎ

図6　フレッチャーによる世界建築の進化系統図（*A History of Architecture*, 1950）より

※17　ベンソン・ロッシング（Benson John Lossing　一八一三～九一）はアメリカの歴史家。独立戦争、南北戦争等、アメリカ史の著作が多数ある。

ず、実際にはもっと大勢の人が活躍した。この大半が、各自の国民国家、王国、帝国を特徴づける歴史的な建築を、あきらかに文化政策の視点で捉え記述した。そこで示された様式は、ブルクハルトやミシュレが「ルネサンス」と呼んだもの、あるいは、それと真逆の「性格」を持つロマン主義、すなわち、中世建築の賛美であった。「危機」や「衰退」の意識が、歴史家たちをこうした行動に駆り立てたのかもしれないが、そうだとすると、過去の進歩的な文化の再興を訴えた人たちでさえもそれが永くは続かないことを承知していたということになる。

建築を扱う美術史、あるいは、建築の実務に関連して成立する建築史、その教養の多くは十九世紀を通じてようやく形をなした。一八八〇年代に生まれ、第一次大戦前までに教育を受けた学者や建築家たちに残されていた課題は、今日われわれが知る建築史学の諸条件、手段、目的をしっかりと打ち立てることだった。ヴェルフリンや同時代の研究者が準備した近代的な建築史学は、こうした世代の業績によって完成させられる。

イギリス人研究者**ジェフリー・スコット**と**マーティン・ブリッグス**が第一次大戦以降に取り組んだ仕事を見ると、彼らがヴェルフリン、グルリットに多くを学んだことは明らかである。さらに、彼らは著書を通じて、ヴェルフリンやグルリットによる建築史学の方法に関する議論を、世界中の英語圏の読者に広く知らしめ普及させた。同じことは、フランス人美術史家**アンリ・フォション**（一八八一～一九四三、晩年にイェール大学教授となり大きな影響力をもたらす）にも言える。フォションは、ドイツ語圏で議論されていた空間、認識、変化という主題に通じ、それを英語圏に広める役目を担った[57]。ルイ・オートクールも、文化的遺物の時代区分、様式、体系化の問題に取り組んだ。オートクールによる『フランス古典建築の歴史』（原書は七巻本、一九四八～五七年）は、少し前に出されたヴェントゥーリの業績を参考に、独自の成果をあげたものだ[58]。ヴェントゥーリに学んだグスターヴォ・ジョヴァンノーニ（一八七三～一九四七）は、建築家でありながら美術史家でもあったが、建築設計に歴史的な見識を持ち込み、歴史的建造物がひしめくイタリアの状況を前に、建築の形態と都市の形態を緊密に連携させる理論を展開した。ジョヴァンノーニが取り組んだ課題は、歴史的建造物が立ち並ぶ場所にいかに新しい建築をつくるか、過去の建築を評価し保存していく作業と現在のクライアントの要求をいかに調停するか、に関するものであった。

　ヴェルフリンやスコットにとっては、ルネサンスからバロックへの様式的変化が重要であったわけだが、フォションは同じような関心を中世の大聖堂に向け、芸術形態のなかに「生命」を捉えた。ドイツ人美術史家のヴィルヘルム・ヴォリンガーも『抽象と感情移入』（一九〇七年）において、場所や時代を超越した現象を考察し、批評や建築の主題にも応用できるような分析法を示した(59)。同様に、フランクルも中世建築の空間や認識の問題を、イタリアの近世初期に見られる古典の伝統と照らし合わせ考察した。フランクル、ヴォリンガー、フォションは、それぞれの研究主題に従って、中世建築に重要な問いかけを行い、それまで大まかに古典の伝統として捉えられていた既成の評価や歴史観を大きく打ち破った。また、同じくヴェルフリンに学んだギーディオンは、建築の普遍的な概念として「空間」を見出し、その歴史的な展開を追った。ギーディオンが注目した空間は、古代の建築から、二十世紀モ

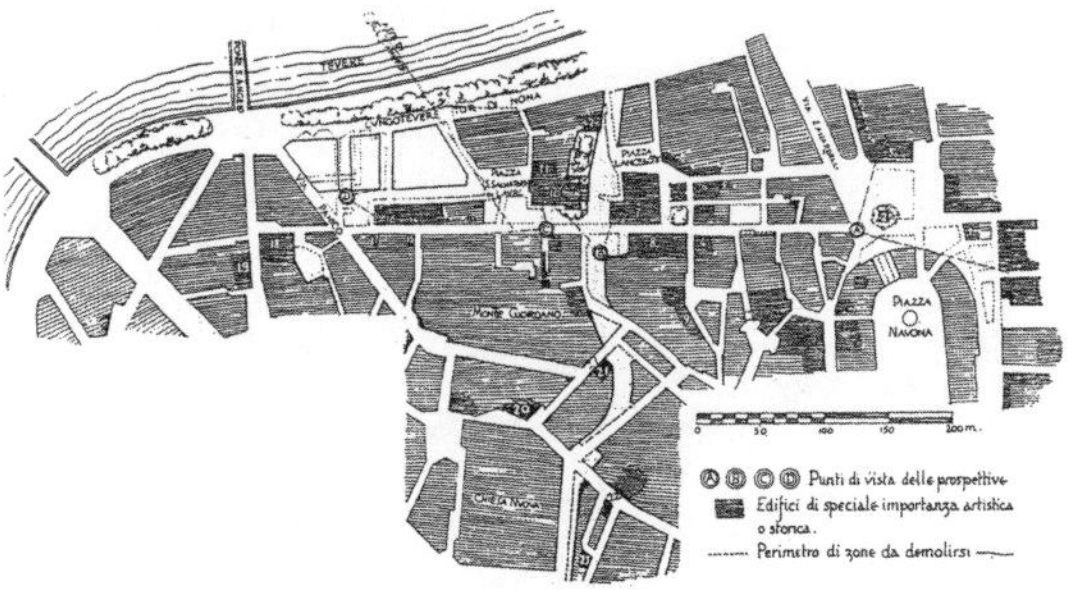

図7　ジョヴァンノーニによるローマ・ルネサンス地区の計画図

ダニズムの建築作品にまで広く認めうるものだった。ギーディオンの業績は、二十世紀の建築史学でもっとも広く支持される主題の先駆けとなった。

こうしたさまざまな方法や立場に見てとれるように、この世代の研究者たちは、建築史を新たな視点で精査吟味したのであり、その成果は今日の建築史研究に多大な影響をもたらしている。

註

1 John Macarthur, 'Some Thoughts on the Canon and Exemplification in Architecture', *Form/Work: An Interdisciplinary Journal of Design and the Built Environment* 5 (2000): 33-45を参照。

2 Nikolaus Pevsner, *An Outline of European Architecture*, 2nd edn ([1943], Harmondsworth: Penguin, 1951), 19［邦訳　小林文次、竹本碧、山口広訳『新版　ヨーロッパ建築序説』彰国社、一九八九年］

3 Vitruvius, *The Ten Books on Architecture*, trans. Morris Hicky Morgan ([1914], New York: Dover, 1960), 13［邦訳　森田慶一訳注『ウィトルーウィウス建築書』東海大学出版会、一九七九年］.

4 Vitruvius, *Ten Books*, 7.

5 Vitruvius, *Ten Books*, 4.

6 Vitruvius, *Ten Books*, 104.

7 Joseph Rykwert, 'Introduction', *On the Art of Building*, by Leon Battista Alberti ([*De re aedificatoria*, Rome, 1452]; Cambridge, Mass.: MIT Press, 1988), x［邦訳　相川浩訳『建築論』中央公論美術出版、一九九八年］.

8 Alberti, *On the Art of Building*, 7.

9 Nikolaus Pevsner, 'The Term "Architect" in the Middle Ages', *Speculum* 17, no. 4 (October 1942): 549-62.

10 Giorgio Vasari, *The Lives of the Artists*, trans. Julia Conaway Bondanella and Peter Bondanella ([1550, rev. 1568], Oxford and New York:

Oxford University Press, 1991)［邦訳　森田義之、越川倫明、甲斐教行、宮下規久朗、高梨光正監修『美術家列伝』全六巻、中央公論美術出版、二〇一四年〜］.

11 Walter Benjamin, ‘Das Kunstwerk im Zeitalter seiner technischen Reproduzierbarkeit’, first published as ‘L’œuvre d’art à l’époque de sa reproduction mécanisée’, *Zeitschrift für Sozialforschung* [French edn] 5, no. 1 (1936): 40-68 ; Engl. edn, ‘The Work of Art in the Age of Mechanical Reproduction’, in *Illuminations: Essays and Reflections*, ed. Hannah Arendt (New York: Pimlico, 1969), 211-44［邦訳　佐々木基一編集解説『複製技術時代の芸術』晶文社、一九九九年］. Carlo Ginzburg, ‘Spie. Radici di un paradigma indiziario’, in *Crisi della ragione*, ed. Aldo Gargani (Turin: Einaudi, 1979), 57-106 ; Engl. edn, ‘Morelli, Freud and Sherlock Holmes: Clues and Scientific Method’, trans. Anna Davin, *History Workshop Journal* 9 (1980): 5-36［邦訳　竹山博英訳『神話・寓意・徴候』せりか書房、一九八八年］.

12 英訳版としては *The Lives of the Modern Painters, Sculptors, and Architects*, trans. Alice Sedgwick Wohl & Hellmut Wohl ([1672], Cambridge and New York: Cambridge University Press, 2005).

13 Alfred Leroy, *La Vie familière et anecdotique des artistes français du moyen-âge à nos jours* (Paris: Gallimard, 1941).

14 Ernst Kris & Otto Kurz, *Die Legende vom Künstler: Ein historischer Versuch* (Vienna: Krystall, 1934); Engl. edn, *Legend, Myth and Magic in the Image of the Artist: An Historical Experiment*, trans. Alistair Laing with Lottie M. Newman (New Haven, Conn.: Yale University Press, 1979). クリスとクルツはウィーン学派で著名なユーリウス・フォン・シュロッサーに師事した。シュロッサーに師事した美術・建築史家にはエルンスト・ゴンブリッチ、オットー・ペヒト、フリッツ・ザクスル、ハンス・ゼードルマイヤーがいる。

15 Lionel Devlieger, ‘Benedetto Varchi on the Birth of Artefacts: Architecture, Alchemy and Power in Late-Renaissance Florence’, Ph.D. dissertation, Ghent University, 2005を参照。

16 Kris & Kurz, *Legend, Myth and Magic*, 93.

17 Guido Beltramini and Howard Burns (eds.), *L’Architetto. Ruolo, volto, mito* (Venice: Marsilio, 2009) を参照。

18 Heinrich Wölfflin, *Kunstgeschichtliche Grundbegriffe. Das Problem der Stilentwicklung in der neueren Kunst* (Munich: Bruckmann,

1915) ; Engl. edn, *Principles of Art History: The Problem of Development of Style in Later Art*, trans. M. Hottinger from 7th German edn (New York: Dover, 1950).「人名なき美術史」という表現は、初版にしかない。

19 Benedetto Croce, 'History and Chronicle',in *History: Its Theory and Practice*, trans. Douglas Ainslie ([1911-12], New York: Russell & Russell, 1960), 22を参照。

20 Stanislao Fraschetti, *Il Bernini. La sua vita, la sua opera, il suo tempo* (Milan: Hoepli, 1900); Sarah McPhee, 'Costanza Bonarelli: Biography versus Archive', in *Bernini's Biographies: Critical Essays*, ed. Maarten Delbeke, Evonne Levy & Steven Ostrow (University Park: Pennsylvania State University Press, 2007), 315-76も参照。

21 Louis Callebat (ed.), *Histoire de l'architecte* (Paris: Flammarion, 1998); Andrew Saint, *Architect and Engineer: A Study in Sibling Rivalry* (New Haven, Conn.: Yale University Press, 2008) ; Spiro Kostof (ed.), *The Architect: Chapters in the History of the Profession* (Oxford and New York: Oxford University Press, 1977) を参照。御教示いただいたバルト・フェルスハフェル氏には感謝申し上げる。

22 Hubertus Gunther, *Das Studium der antiken Architektur in den Zeichnungen der Hochrenaissance* (Tübingen: Ernst Wasmuth Verlag, 1988).

23 Antonio di Duccio Manetti, *The Life of Brunelleschi*, ed. Howard Saalman, trans. Catherine Enggass (University Park: Pennsylvania State University Press, 1970), 50-5 [邦訳　浅井朋子訳『ブルネッレスキ伝』中央公論美術出版、一九八九年].

24 Branko Mitrovic, 'Andrea Palladio and the Writing of Architectural History', *History as Practice: 25th Annual Conference of the Society of Architectural Historians, Australia and New Zealand*, ed. Ursula de Jong & David Beynon (Geelong, Vic.: SAHANZ, 2008), cd-rom, 2-3.

25 ピッロ・リゴーリオの『古代都市図』については、'Illustrated Catalogue of the Maps of Rome Online' at http://db.biblhertz.it/cipro/ (二〇〇九年八月二十四日アクセス)に多くの情報がある。Lola Kantor-Kazovsky, *Piranesi as Interpreter of Roman Architecture and the Origins of his Intellectual World* (Florence: Leo S. Olschki Editore, 2006) も参照。

26 Claude Perrault, *Ordonnances des cinq espèces de colonnes selon la méthode des anciens* (Paris: Coignard, 1683); Engl. edn, *Ordonnances for the Five Kinds of Columns after the Method of the Ancients*, trans. Indra Kagis McEwen (Santa Monica, Calif.: Getty Center for the History of Art and Humanities, 1993).

27　Julien-David Le Roy, *Les Ruines des plus beaux monuments de la Grèce. Ouvrage diviséen deux parties, où l'on considère, dans la première, ces monuments du côtéde l'histoire; et dans la seconde, du côtéde l'architecture* (Paris: Chez H. L. Guerin & L. F. Delatour, 1758); Engl. edn, *The Ruins of the Most Beautiful Monuments of Greece*, trans. David Britt (Los Angeles: Getty Research Institute, 2004); James Stuart & Nicholas Revett, *The Antiquities of Athens* ([1762-1816, 1830], New York: Princeton Architectural Press, 2008).

28　Johann Joachim Winckelmann, *Gedanken über die Nachahmung der Griechischen Werke in der Malerei und Bildhauerkunst* ([Rome, 1755], Ditzingen: Reclam, 1986); Engl. edn, 'On the Imitation of the Painting and Sculpture of the Greeks', in *Writings on Art*, ed. David Irwin (London: Phaidon, 1972), 61-85.

29　Lola Kantor-Kazovsky, 'Pierre Jean Mariette and Piranesi: The Controversy Reconsidered', in *The Serpent and the Stylus: Essays on G. B. Piranesi*, ed. Mario Bevilacqua, Heather Hyde Minor & Fabio Barry (Ann Arbor, Mich.: University of Michigan Press, 2006), 150. カンター＝カゾフスキーは、次の論文を紹介している。Krzysztof Pomian, 'Mariette et Winckelmann', *Revue Germanique Internationale* 13 (2000): 11-38.

30　Kantor-Kazovsky, *Piranesi*, ch. 1, 'The Graeco-Roman Controversy: Piranesi between Humanism and Enlightenment', 19-58. ピラネージの『建築に関する所感』の英訳は *Observations on the Letter of Monsieur Mariette, with Opinions on Architecture, and a Preface to a New Treatise on the Introduction and Progress of the Fine Arts in Europe in Ancient Times*, ed. Caroline Beamish & David Britt (Los Angeles: Getty Research Institute, 2002) を参照。

31　Livy, *Ab urbe condita*; Engl. edn, *The History of Rome*, 4 vols. (London: Bell, 1880-1911). Kantor-Kazovsky, *Piranesi*, 50.

32　Michel Foucault, *L'Archéologie du savoir* (Paris: Gallimard, 1970); Engl. edn, *The Archaeology of Knowledge*, trans. A. M. Sheridan Smith (New York: Pantheon, 1972) [邦訳　慎改康之『知の考古学』河出文庫、二〇一二年]. フーコーの主張は本書の守備範囲を越えるものだが、彼の思想が近年の建築史家に大きな影響を及ぼしていることはまちがいない。例えばPaul Hirst, *Space and Power: Politics, War and Architecture* (Cambridge: Polity, 2005).

33　この類推はヴェルフリンによるもの。彼の論考 'Prolegomena to a Psychology of Architecture', in *Empathy, Form and Space:*

Problems in German Aesthetics, 1873-1893, trans. & ed. Harry Francis Mallgrave & Eleftherios Ikonomou（Santa Monica: Getty Center for the History of Arts and Humanities,1994）, 149-90, 183を参照。さらにFrederic J. Schwartz, 'Cathedrals and Shoes: Concepts of Style in Wölfflin and Adorno', *New German Critique* 76（Winter 1999）: 3-48.

34 Joanna Besley, 'Home Improvement, the Popular and the Everyday', in *In the Making: Architecture's Past, 18th Annual Conference of the Society of Architectural Historians, Australia and New Zealand*, ed. Kevin Green（Darwin: SAHANZ, 2001）, 305-12 ; Andrea Renner, 'A Nation that Bathes Together: New York City's Progressive Era Public Baths', and Marta Gutman, 'Race, Place and Play: Robert Moses and the WPA Swimming Pools in New York City', *JSAH* 67, no. 4（December 2008）: 504-31 and 532-61を参照。

35 文化史の歴史と理論については、次に詳しい。Peter Burke, *What is Cultural History?*（Cambridge: Polity, 2004）; *Varieties of Cultural History*（Ithaca and London: Cornell University Press, 1997）.

36 Jacob Burckhardt, *The Architecture of the Italian Renaissance*, trans. James Palmes（[1867], London: Secker & Warburg; Chicago: University of Chicago Press, 1985）, 3.

37 Burckhardt, *The Architecture of the Italian Renaissance*, 3-5, 3.

38 Jules Michelet, *Histoire de France*, vol. VII, *La Renaisance* [1855], rev. edn（Paris: Lacroix, 1986）, 10, 6.

39 Jacob Burckhardt, *Die Kultur der Renaissance in Italien*（Basel: Verlag der Schweighauser'schen Verlagsbuchhandlung, 1860）;Engl. edn, *The Civilisation of the Renaissance in Italy*, trans. S. G. C. Middlemore（London: George Allen & Unwin, 1937）[邦訳　柴田治三郎訳『イタリア・ルネサンスの文化』全二巻、中央公論新社、二〇〇二年].

40 Paul Oskar Kristeller, *On Renaissance Thought and the Arts: Collected Essays*（Princeton, NJ: Princeton University Press, 1980）.

41 Jacob Burckhardt, 'The Qualifications of the Nineteenth Century for the Study of History' [1868-9], in *Reflections on History*, trans. M. D. H.（London: George Allen & Unwin, 1943）, 24.

42 Burckhardt, 'The Qualifications of the Nineteenth Century for the Study of History', 31.

43 Charles Darwin, *On the Origin of Species by Means of Natural Selection, or the Preservation of Favoured Races in the Struggle for Life*

(London: John Murray, 1859)〔邦訳　八杉龍一訳『種の起源』岩波文庫、一九九〇年〕; Gottfried Semper, *Der Stil in den technischen Künsten; oder, Praktische Aesthetik: Ein Handbuch für Techniker, Künstler und Kunstfreunde*, 2 vols. (Frankfurt am Main: Verlag für Kunst & Wissenschaft, 1860); Engl. edn, *Style in the Technical and Tectonic Arts; or, Practical Aesthetics*, trans. Harry Francis Mallgrave & Michael Robinson (Los Angeles: Getty Research Institute, 2004).

44 自然と建築の関わりについては十九世紀を通じて盛んに議論がなされた。Léonce Reynaud, *Traite d'architecture* (Paris: Carlian-Goery & Dalmont, 1858); Paula Young Lee's analysis: 'The Meaning of Molluscs: Léonce Reynaud and the Cuvier-Geoffroy Debate of 1830, Paris', *Journal of Architecture* 3, no. 3 (Autumn 1998): 211-40を参照。Barry Bergdoll, *European Archiecture 1750-1890*, Oxford History of Art (Oxford and New York: Oxford University Press, 2000) には、十九世紀建築の技術、思想、文化の発展が首尾良くまとめられている。

45 クロード・アンリ・ド・サン＝シモン（一七六〇〜一八二五）と彼の弟子たちの思考については、Robin Middleton, 'The Rational Interpretations of Classicism of Léonce Reynaud and Viollet-le-Duc', *AA Files* 11 (Spring 1986): 29-48, esp. 33, 36を参照。

46 Burckhardt, 'The Qualifications of the Nineteenth Century for the Study of History', 28.

47 Wölfflin, 'Prolegomena', 182.

48 Alois Riegl, *Stilfragen. Grundlegungen zu einer Geschichte der Ornamentik* (Berlin: Siemens, 1893)〔邦訳　長広敏雄訳『リーグル美術様式論――装飾史の基本問題』岩崎美術社、一九七〇年〕, *Die spätrömische Kunstindustrie nach den Funden in Österreich-Ungarn* (Vienna: Kaiserlich-Königliche Hof- und Staatsdruckerei, 1901)〔邦訳　井面信行訳『末期ローマの美術工芸』中央公論美術出版、二〇〇七年〕.

49 Christopher S. Wood (ed.), *The Vienna School Reader: Politics and Art Historical Method in the 1930s* (New York: Zone Books, 2000), 22-43.

50 主著にCornelius Gurlitt, *Geschichte des Barockstiles in Italien* (Stuttgart: Ebner and Seubert, 1887), *Geschichte des Barockstiles, des Rococo, und des Klassicismus in Belgien, Holland, Frankreich, England* (Stuttgart: Ebner & Seubert, 1888).

51 August Schmarsow, *Barock und Rokoko: Das Malerische in der Architektur: Eine kritische Auseinandersetzung* (Leipzig: S. Hirzel, 1897).

52 Mark Jarzombek, *The Psychologizing of Modernity: Art, Architecture and History* (Cambridge: Cambridge University Press, 1999), ch. 1; Mallgrave & Ikonomou (eds.), *Empathy, Form, and Space*を参照。

53 Watkin, *The Rise of Architectural History*, esp. 1-10, 20-9, 30-2［邦訳　桐敷真次郎訳『建築史学の興隆』中央公論美術出版、一九九三年］; Anthony Grafton, *What Was History? The Art of History in Early Modern Europe* (Cambridge: Cambridge University Press, 2007)も参照。

54 Joseph Gwilt, *An Encyclopædia of Architecture*, rev. edn ([1842], London: Longmans, Green & Co., 1881); James Fergusson, *An Historical Inquiry into the True Principles of Beauty in Art, Especially with Reference to Architecture* (London: Longman, 1849), *History of Indian and Eastern Architecture* (London: Murray, 1899); Banister Fletcher, *A History of Architecture for the Student, Crafrsman, and Amateur, Being a Comparative View of the Historical Styles from the Earliest Period* (London: T. Batsford, 1896).

55 (ドイツとは異なる)「フランス的な」考古学的意義に関しては次を参照。Julius von Schlosser, 'The Vienna School of the History of Art: Review of a Century of Austrian Scholarship in German' [1934], trans. & ed. Karl Johns, *Journal of Art Historiography* 1 (December 2009, 6, online at www.gla.ac.uk/departments/arthistoriography (二〇一〇年一月七日アクセス).

56 Elisabeth Blair MacDougall, 'Before 1870: Founding Fathers and Amateur Historians', さらに William B. Rhoades, 'The Discovery of America's Architectural Past, 1874-1914)', in *The Architectural Historian in America*, それぞれ15-20および23-39.

57 Henri Focillon, *La Vie des formes* (Paris: Presses Universitaires de France, 1934); Engl. edn, *The Life of Forms in Art*, trans. Charles B. Hogan & George Kubler ([1948], New York: Zone Books, 1989)［邦訳　杉本秀太郎『改訳　形の生命』平凡社、二〇〇九年］.

58 Louis Hautecœur, *Histoire de l'architecture classique en France*, 7 vols. (Paris: Picard, 1948-57).

59 Wilhelm Worringer, 'Abstraktion und Einfühlung. Ein Beitrag zur Stilpsychologie' (学位論文), Universität Bern, 1907. Published 1908 (Munich: Piper)［邦訳　草薙正夫訳『抽象と感情移入―東洋芸術と西洋芸術』岩波文庫、一九五三年］. さらに Worringer's *Schriften*, 2 vols., ed. Hannes Böhringer & Helga Grebing (Munich: Fink, 2004) も参照。

第二章　過去の編成

近代に成立した建築史学にさまざまな知的、制度的な出発点があったとなると、現代の建築史家が数多異なる考え方のいずれかにしたがって過去を分析しようとすることもさして驚きではない。続くこの章では、建築を歴史的に捉える際に共通する手法について論じたいと思う。それぞれの手法には、（通常は無害な）歴史主義[※1]、現在と過去の関連、現在のもつ歴史性といった意識が見て取れるだろう。ヘルダーはこのような意識の重要性を説き、次のように述べた。「一本の細い糸が人類をつなぎとめている。糸は絶えず切れては結び直される[(1)]」。建築史は様式や時代によって時系列に区分されるが、これが建築の歴史的な捉え方としてはもっとも古く、伝統もあり、かつ定番の方法となっている。特定の様式を定義し、そして（ゴシックからルネサンス、ルネサンスからバロックのように）

※1　著者の言う歴史主義は、十九世紀の様式復興や二十世紀前半のナショナリズム等、イデオロギー色の強いものだけではなく、歴史の認識の重要性を説くあらゆる思想のことを指す。後に紹介されるクローチェの思想等。

ある様式から別な様式への変遷を捉えること、これが建築史学に問われるべき最初の課題となる。少し後で、最初にこの問題を取り上げ、他より長めに検討するのは、そうした理由による。

十九世紀に入り、建築設計に、様式、社会、文化、歴史といった要素が持ち込まれると、建築家と歴史家はともに、比例や装飾術の体系でもある建築様式を、それぞれの歴史的な出自に照らすことで、さまざまな価値を付与していった。建物が——古典主義、ビザンティン、バロックといった——歴史的な様式に従って設計される際、歴史家による様式定義の問題が、これまで以上に建築家の理論や実践に大きな影響力を持った。一八二八年、**ハインリッヒ・ヒュブシュ**は次のように問いかける論考を発表した。「われわれはいかなる様式で建物を建てるべきか?」。ヒュブシュの論考がきっかけとなり、同時代のドイツの建築家や学者たちは様式について議論を重ねた。そうした意見の中に、建築家が操るのは「どの様式でもあるし、どの様式でもない(2)」があったが、まさにそのような時代であった。

同時代のケンブリッジでは、同様の主題がより実践的な問題として議論され、その後、他の多くの地域に飛火していった。(一八三九年創立の)ケンブリッジ・キャムデン協会※2のメンバーたちが、イギリスの植民地および属領にある聖公会の様式に関して、強い見解を示したのである。ニュージーランド主教ジョージ・セルウィンは、『教会建築学者』誌上に次のように書いた。「ノルマン様式が最適だ。教会は基本的に地元の芸術家によって建てられていくだろうが、彼らにまずは、本国で最初に登場した様式を伝授するのが自然ではないか(3)」。様式がもはや確定的でなくなってしまった十九世紀では、その場所に一番ふさわしい建築様式は何か、という問題に議論が集中した。ドイツの建築家たちが、十九世紀の建築家が直面する問題を、際限のない自由のなかで様式を選択する悩ましさと理解したのに対し、ケンブリッジ・キャムデン協会は、宗教、芸術、技術の進展に照らし、その場所にふさわしい様式を選択すべきという意見を示したのであった。

以上、十九世紀を特徴づける建築様式の歴史は次の二つの課題に挑んでいた。まず、過去がどのように認知され表現されたのか、という問題。一方で、長い時間をかけ評価が固まり理解が進んでゆく文化的進展のなかで、なんらかの価値を担う建築様式が、どのように選び取られたのか、という問題。後で再度触れることになるが、様式を重視する建築史は、世界の全体的把握（万国博覧会、百科全書など）、万物（昆虫、魚、化学元素から、文化および多様な表現まで）の分類法確立といった十九世紀の一大文化プロジェクトの一環であった(4)。同様に、様式やその変化を問うことは、十九世紀末の建築史家にとって、学術的な手段、文化貢献の基本であり、建築史という学問分野が成立する少なくとも初期段階においては重要な役割を担っていた。

アプローチ

さて、十九世紀末以降の建築史家が過去の記述に用いたさまざまな手法を見ていこう。すなわち、方法の問題である。初期の頃は、個々の歴史家の方法の違いはかなり大きかったが、近年の建築史業績を見る限り、状況は

※2　一八三九年にゴシック様式の研究促進をめざしてケンブリッジ大学につくられた学術協会で、のちに「教会建築学協会」に発展。会誌『教会建築学者』には、イギリス中世様式への支持が力強く表明された。

かなり改善され、場合によっては、建築史分野で方法を論じたり、建築史家の業績を純粋に方法的次元で捉えたりしても意味がないとさえ言われる。ただ、ここで問題にしたいのは、方法論に関するさまざまな偏見や執着であり、そのすべてが理論で説明し尽くせるものでもない。

したがって、もっと柔らかい「アプローチ」という言葉を用い、建築史の「個別単位」に取り組む建築史家の手腕に迫ってみたい。ここに「個別単位」という言い方をしたのは、個々の研究者は、たいてい自身の研究主題に応じて、問題設定、材料、方法を組み合わせるからであり、同時に、歴史家が建築の「全体史」を作業可能な部分に切り分けざるをえないからである。そもそも、「全体史」というものは仮説上にしかなく、あらゆる場所で起こってきた物事を、あらゆる見方で捉える完全な過去というのはありえない。歴史家のアプローチにまつわる問題は、際限のない相対主義へと向かう建築史、すなわち、あらゆる知はそこで提示される視点次第であるという状況に対する歴史家の対処法を見極めるきっかけとなるだろう。

これから扱おうとする論点を掘り下げるにあたっては、さまざまな論考や抜粋文を方法や理論別に整理した論文選集、それと、建築史よりは美術史に関する研究書が参考になるように思う。(5)

マーク・ロスキルの『美術史とはなにか?』(一九七六年)は、さまざまな概念、方法論に関する主題を扱いつつ、絵画の歴史に迫った労作だが、建築史学の方法に関する議論としてもかなり興味深い。(6) W・ユージーン・クラインバウアー、トーマス・P・スレイヴァンスによる『西洋美術史の研究入門』(一九八二年)は、様式、時代、変遷、解釈の枠組みに関して重要な示唆がある。(7) 彼らは美術史について論じるが、そこで紹介される方法的な問題や実例は、建築史とも一致し重なる点が多い。ローリー・シュナイダー・アダムズの『芸術の方法論』も、美術史の方法に関するさまざまな手段や姿勢に関して体系的な議論を展開している。[8] さらに、マイケル・ポドロの『芸術の批判的歴史家たち』(一九八二年)は、美術史家の方法やアプローチを年代順にまとめた秀作である。ポドロの本も、主として美術史を対象としているが、議論の多くはこれまでに紹介した他の著作と同様、建築について論じており、われわれの関心にも合致する。[9] オットー・ペヒトの『美術への洞察』(一九七七年)は、建築を含めたさまざまな芸術作品を題材にしながら、美術史家・建築史家に共通する方法的問題に対して、やや主観的ではあるものの、注目に値する洞察を展開している。[10]

さて、ここから建築史において過去を編成する際の六つのアプローチを取り上げたいと思う。様式と時代、伝記、地理と文化、型、技術、主題と類似、である。ただ建築史家は、こうしたアプローチのいずれかひとつだけに付き従っているわけではない。あるアプローチが別なものと結合し取り込まれることもありうる。したがって、ここに挙げた六つの項目は、建築史分野の方法を網羅した見取り図というより、歴史学のアプローチに迫る第一歩と考えていただければと思う。

様式と時代

一九六二年、**ジェームズ・アッカーマン**は「様式」と題する論考において、「歴史を書くにあたって、われわれは研究対象に、個々の区別を可能にする不変要素とともに、「物語」を紡いでいけるような可変要素を見出さなければならない」[11]と記した。美術史家や建築史家にとって、「作品群が……基本となるデータで、それらにおよそ不変な特徴を見出さなければならない」。アッカーマンによれば、「こうした特徴を認めることのできる集合体」[12]が様式である。芸術作品の中でも、とりわけ建築作品が、そこに備わる芸術的価値のためだけで保存されることはそう多くない。そうすると、建物がどのように着想され、建設されたかを知るための事実や手がかりは、時間とともに消失していく。建設の意図や過程、また、芸術家、建築家、施工者に関する情報でさえ曖昧になってゆき、完全に失われてしまいかねない。まさにこうした状況において、「様式は歴史になくてはならない道具である。歴史学のなかでも、美術史にとって重要な概念である」[13]。とはいえ、様式は過去から抽出された論理ではなく、歴史家が歴史に与える一種の構造である。アッカーマンによれば、歴史家が問題にすべきは、「様式をどのように定義すれば、美術史にもっとも有効な構造がもたらされるか」[14]、だという。

半世紀前に、**ハイリッヒ・ヴェルフリン**が「人名なき美術史」の可能性を打ち出した際も、建築の外観や視覚的特徴、その時間的変化によって建築史が記述されることが示されていた。アッカーマンの様式に関する見解は、時として堅苦しいとされるヴェルフリンの形式主義的なアプローチを和らげ、過度に教条主義的にならず、様式を有効な分析法のひとつとしたのである。どちらの建築史家にとっても、様式の歴史を根拠づけるのは建物そのものである。様式的な装いは、建物ファサードの装飾や細部意匠や視覚構成に見て取れるが、それらを制御する建築のオーダーは柱間や形状やヴォリュームまでを決める。ある建物は歴史のなかで、どのように不変性と可変性のバランスをとっているのだろうか。なぜ時とともに様式は変化するのだろうか。ある様式から別な様式への変化をどのように知ることができるのだろうか。様式を示す時代区分はどのように定まり、また、建築が個人の芸術作品なのだとしたら、様式の盛衰をどのように理解したらいいのだろうか。

ヴェルフリンは、芸術を含む建築の歴史的知を体系化しようとした最初の世代だった。『美術史の基礎概念』のなかで、ヴェルフリンは比較分析法により、それぞれの様式に段階的な評価軸を与えた。すなわち、各様式には、創成の段階、古典的な段階、バロック的な段階があり、これが周期的に繰り返されるという指摘である。創成の段階に古典への発展性が示され、バロックにはその退行が示される。『ルネサンスとバロック』の序で語られた問題は、この考え方に従っている。すなわち、ラファエロ、ミケランジェロから、**マデルノ**、**ボッロミーニ**まで、二、三十年刻みの展開をどのように説明するかということである。ヴェルフリンにとって、「バロック」は、装飾過剰でくどすぎると蔑視されていた遺産を様式として特徴づける名称であった。ちょうど、**ブルクハルト**が「ルネサンス」に、古代モデルの再生、古代の原理への信頼、理想美の追求といった、晴れがましい意味を与えたように。

ヴェルフリンの『美術史の基礎概念』は、以上の見識のほか、自身の歴史が根拠とする形式分析の手法を体系的に整理するところまでいく(15)。建築、絵画、彫刻における、古典とバロックの違いを説明する二項対立が示される。今ではよく知られているが、〈線的〉と〈絵画的〉、〈平面〉と〈深奥〉、〈閉〉と〈開〉、〈多数性〉と〈統一性〉、〈明瞭性〉と〈不明瞭性〉である。バーゼル、ベルリン、チューリッヒの大学におけるヴェルフリンの講義は、この対比法に基づき行われた。彼は二枚のスライドを同時に映して、建物の違い、つまり、様式の違いについて記述し説明した。二枚のスライドを映す講義スタイルは、その後、コンピューター・プレゼンテーションが普及するまで、美術史や建築史の標準的な講義作法となった。当初は図像学よりは形式主義に傾倒する建築史家が好んで用いたが、時とともにヴェルフリンの方法に共感しないような学者にも広く普及していった。

ヴェルフリンにとって、様式は、外観だけでなく、表面には出てこない深層構造にも関係していた。様式は、建築家や作家を区別する手段であるとともに、建物の系譜や年代を区別する手段でもある。話し方、書き方、着こなしといった内容についても、信頼度はさておき、十七世紀と十九世紀のちがい、十二世紀と十五世紀のちがいを論じることができる。このような様式の捉え方は、ピーター・ゲイが一九七四年に（歴史の記述法に関して）書いた内容にもつながる。

様式とは、カーペットの模様のようなものである。博識な収集家であれば、模様を見るだけで、それがいつ、どこでつくられたのかがはっきりとわかる。また、蝶の羽の模様でもある。優れた研究家であれば、模様から、その種をきちんと判別できる。あるいは、法廷に立つ証人の何気ない仕草でもある。鋭い弁護士なら、そこに、隠された真実の動かぬ証拠をつかむだろう。様式の解明は、人物の解明でもある。(16)

アッカーマンとヴェルフリンを比べると、様式を歴史的に捉えるアプローチが異なり、それが歴史記述にも少なからず影響を及ぼしている。ヴェルフリンは、様式を、時代の産物である（したがって、時代ごとに分類される）作品の視覚的表出と捉えた。歴史家は、ある時代の文化を、その時代の芸術の理解を通じて把握することができる。歴史の時代区分はこの考え方に従っており、それによると、たとえば、ルネサンスは、まず、社会、政治、経済の発展があって、その次に、芸術の発展があることになる。その後数十年の展開については、ご存じのように、アッカーマンがヴェルフリンの姿勢を修正し、様式の定義をもっと扱いやすい柔軟なものにしていった。

様式という用語には、ある芸術家、ある場所、ある時代の作品（もしくは、その一部）に認められる流通性が前提になっている。したがって、ひとつの芸術作品にしか認められない特殊な性格、唯一無二の特徴、流通性が認められない作品に、様式という言葉を用いることはできない。様式という概念がすばらしいのは、関係性を捉えることにより、個々ばらばらに見えていた膨大な作品群が自在に整理されることである。[17]

二十世紀の美術史家、建築史家の多くは、様式を「混沌に対処する方策」[18]と捉えた。一九〇〇年頃に書かれた『様式の判読術』のなかで、エミール・バヤールは、建築、装飾、記念物、（そして、彼にとって主な研究対象だった）家具の様式について論じている。[19]彼によれば、様式は基本的に観相学であり、建築や家具も、動物や野菜と同じように、新しい種の発展や、種間の系譜をたどることができる。つまり、「自然」の強制力、「進化」の行方を見ることができるのだ。個体の特性を類目に関連づけるという類推的な様式「理解」が、十九世紀自然科学分野の考えに由来することは言うまでもない。こうした厳格な分類学に、現在の建築史家が信頼を寄せることはもはやないわけだが、二十世紀前半の様式史学にとっては重要な要素であった。十九世紀の業績、とくにファーガソンやフレッチャーはもちろんだが、たとえば、フランソワ・ブノワによる（古代から中世までの）地球規模の調査はその典型例であった。[20]

建物の外観を決定づける比例、装飾、色彩等に一定のルールが認められ、様式というラベルが付けられるが、話はそれで終わりではない。建築史を様式の体系として捉えることに多くの人がさんざん反対したにもかかわらず、いかにも様式っぽい名称を備えた時代区分が登場し、それなりに使われたからである。様式や時代を示す用

図8 「ルネサンス・ゴシック」を体現するとされる作品　プラハのヴラディスラフ・ホール

語の妥当性については、また別な言われ方もあり、歴史的な現象にまとまりをもたせるために使われたり（ロマネスク、ゴシック、ロココ）、建築家が現在の自分たちの立場を表明するために様式のごときラベルを用いたりもした（インターナショナル・スタイル[※3]、ポストモダニズム[※4]、脱構築主義[※5]）。もう一度アッカーマンの言葉を思い出すと、混沌に秩序を持ち込むこともあれば、その一方で、歴史家の手法に乗じて、まさにいま生み出されようとする建築を歴史的に位置づけ、そうした作品を美術館の企画とすることもある。後者の場合は、まず大きな方向性を打ち出し、それに基づいて、個々の作品の検証や、さらなる分類が行われる。専門家にしてみれば、オランダのインターナショナル・スタイルは北米のものとは違うし、カリフォルニアのインターナショナル・スタイルもニュー・イングランドのそれとは別物だろう。進歩主義の建築史家や理論家であれば、ポストモダンの歴史主義は保守的であるとしながら、ポストモダニズムやネオ・アヴァンギャルドが示す形態にはモダニズムの進歩的なニュアンスを読み取るかもしれない[(21)]。

以上の例などは、そもそも周りからの突出を狙うがゆえ、建物の見た目に準じ組み立てられた建築史全体の流れに矛盾しかねない。様式や時代によって過去の建物やモニュメントを整理する場合、基準となる法則と個々の作品をどのように調停するかという問題がどうしても出てくるが、個別の建物と評価基準のどちらかで譲歩せずに、建物を評価することなどまずできないだろう。あるラベルが歴史家にとって有効な視覚的材料になる場合でも、今日では、ある程度慎重に扱われるだろうし、実際にそうしたラベルを用いる場合でも、すぐに破綻しかねない完璧なモデルではなく、例外を許容する「柔軟な」基準として用いられる。比較的最近用いられる「ルネサンス・ゴシック」という用語は、歴史的建造物を記述する際、様式と時代に縛られた硬直した用語では不十分、という歴史家の認識を示した好例である(22)。

建築史における様式的区分の問題に関連して、とりわけ過去二世紀の建築遺産訴訟、とくに建物の代表的特徴がどのように定められるのか、という話題にも少し触れておきたい※6。問題は、そうした建物が、どの程度、連邦様式、ジョージ朝、新古典主義、モダニズムの模範例なのか、ということだ。こうした様式名称は、その厳格な定義を示すべく、先頭が大文字で記される。様式判定の任に当たる建築史家にとって、こうした評価法は古臭い

※3　一九一〇〜二〇年代にヨーロッパで推進された近代建築を指す。ニューヨーク近代美術館が企画した展覧会において、その名称が与えられた。

※4　「モダニズムの後」を意味し、モダニズムの反動として現れた思想・文学・文化運動で、建築においては一九七〇年代後半に明確に自覚された。

※5　ジャック・デリダの思想「脱構築」に影響を受けた建築運動で、歪みやひねり、アンバランスな造形が特徴。一九八八年にニューヨーク近代美術館で開催された展覧会が流行のきっかけ。

※6　訴訟問題に関連し、とくにアメリカでは不動産売買においても建築様式名称が中古住宅の価値を決める指標となっている。

ものかもしれないが、建築史の学術研究を離れたところではいまだ強い需要があり、形式主義や美学的見地から建築遺産を分類し保護するのに有効な手段であり続けている。(23)

十九世紀、そして、二十世紀初頭の建築史学を特徴づける形式主義や分類学のアプローチは、様式や時代を判定する以外にも、その後の幅広い展開のきっかけとなった。たとえば、建築作品やその歴史を、思想や文化の深層への洞察とするような研究が出てきたのである。これによって、建築史家は、伝記とは異なる年代学の見地で、建築と視覚芸術（絵画や彫刻など）との関係を追究することができるようになった。伝記については次節で検討することにしたいと思うが、こうして芸術作品が時代に結びつけられると、今度は時代が建築家の実践を制約してしまうのではないか、といった疑問が出てくる。技術、宗教、社会慣習、趣味、経済、その他の外的要因が、建築の姿を形づくり、その変化を説明するのか、それとも、建築はそれ自体の理屈によって自身の形を定めるのか。この問題はいまだに議論が続いている。

アーノルド・ハウザーは、様式ではなく社会の分析を通じて「人名なき美術史」の執筆をめざし、建築史家たちに訴えかけた（一九五九年）。これに応じ参集した建築史家たちは、建築が芸術性や芸術的伝統とは全く切り離された外的要素によって記述できるという主張で一致していた。(24) ルネサンスにおける古典主義は、十四、十五世紀のイタリア半島に、新しい経済、宗教、政治の局面が訪れたことの表れである。したがって、ルネサンス建築を分析することとは、純粋な建築現象としてこの建築が示す様式的なまとまりを捉えることではない。この視点からすると、ルネサンス建築は、封建社会から市場経済への転換、そして、社会や文化の根本的転換を告げるローマの劫略※7および宗教戦争までの期間を通じて、さまざまな側面に確認できる全体動向の表れと見るべきだろう。

チャールズ・バローズ、**マンフレッド・タフーリ**、デボラ・ハワードらによるルネサンス建築史はいずれも、建築を芸術領域の外部に置こうという試みだが、その取り組みは文化史の伝統を汲み取っており、ルネサンスは一定期間に見られるすべての表現を含んだまとまりのある時代として扱われている。[25]こうした時代が、歴史的な大事件、歴史家を惹きつける歴史的関心事によって区分されるのは、ミシュレやブルクハルトによる文化史の成果である。建築は文化を映し出し、歴史を証拠づけるもの、つまり、文化や社会の有り様を伝える歴史の跡でもある、という点に重きが置かれた。

一九五〇年代、六〇年代に、十六世紀イタリアの芸術・建築におけるマニエリスムの内容に関して学術的見解が真っ二つに分かれたが、その食い違いは、特定の時代を判定する基準が内的なものか、外的なものかに起因するものだった。[26]マニエリスムそれ自体が論争の絶えない用語である。その意義を認める歴史家の間でさえ、マニエリスムを古典主義の伝統における芸術、表現上の変形と見る人もいれば、その時代の不安定さ、ローマ・カトリック教会の安定と普遍的価値が失われたことの表れと捉える人もいる。歴史学における前者の位置づけ（創意）は建築や美術に関する内容であり、後者の位置づけ（不安）は、文化、社会、宗教に関わるものである。近年になるほど、建築史家は、ローマ帝国、中世、ルネサンス、反宗教改革、産業革命以降の近代世界といった、歴史学の「内的な」時代区分にあまりこだわらなくなっている。ワイマール・ドイツ、ニューディール・アメリカ、ファシスト・イタリア、コロニアル・ブラジル、ソヴィエト・ロシア、戦後日本といった言い方に見てとれるように、

※7　一五二七年、神聖ローマ皇帝カール五世の軍勢がローマに侵攻し、破壊と略奪の限りを尽くした事件。

建築史は政治・文化的な時代区分を取り入れ、建築を事件や計画の軌跡として捉える。そこでは、建築そのものではなく、その歴史的展開を示すものに重点が置かれるのである。

それゆえ、様式と時代による歴史区分が、建築史の編成に引き続き用いられるとしても、けっして融通の利かないアプローチではない。様式と時代を突き詰めていくと、建築に内在する芸術的な力と、それを成り立たせる外的な力をいかにバランスさせるか、という問題にまで展開する。概念から言えば、様式と時代は根本的に別ものだが、歴史家に過去の図面や建物や遺構を整理させてくれるものとして見れば、いずれもが定められた指標の範囲で変化を見てゆく抽象的な手段という点で共通する。われわれは、再びゲイが示した様式の定義、それが建築史家に投げかける問題について考えさせられる。もし、様式がカーペットの模様、蝶の羽の模様、法廷に立つ参考人の仕草のようなものであるなら、建築史家がすべきことはこの模様や仕草の出自を説明することである。その手がかりが建築史に存在するとして、それらは建築的な性質のものだろうか、それとも歴史的なものだろうか。

伝記

第一章で見たように、今日的な意味で言う建築家を含め、芸術家個人の伝記を書くという伝統は、建築史という学問が十九世紀末に確立された際に、ひとつの重要なモデルとなった。こうした伝統の先例として、**アントニオ・トゥッチオ・マネッティ**による**ブルネレスキ**の伝記（一四八〇年頃）、十六世紀の**ヴァザーリ**の『美術家列伝』がある。[27]そこに認められる建築史は、建築家の歴史にほかならなかった。現代の建築史家が建築家に関して、ヴァザーリの記述方式からどんなに離れようとしても、作家の寿命という根本的な時代区分、その生涯の推移と作品、その反響と他の伝記作品との関係については引き受けなければならない。建築家の生涯と作品によって組み立てられる建築史は、歴史に及ぼした個人の影響力を評価する上で廃れることのない手法である。

その作法について、多くの時間をかけて論じることもできるだろう。だが、ここからの考察は、さまざまな共同体や組織、さらに皇帝、教皇、国家元首といったパトロンの活動に関連する伝記的建築史へ展開したい。たとえば、政府や組織を対象とし、創設、趣旨、影響、反響を描く建築史も、伝記的な建築史と言えるだろう。あるいは、建物や都市にも生涯があると言うこともでき、その歴史は伝記的な用語や体裁によって特徴づけられる。建設、発展、影響力あるいは重要度のピーク、そして、終局というように。文学的手法による劇的な演出があるにせよ、やはり伝記的な性格を持つ。この節で扱うこうした建築史は、したがって、生命体、あるいは、それに類する存在になぞらえ編成される建築史である。建築史が、長きにわたって建築家と密接なつながりをもってきたのだとすれば、建築家個人の生涯を軸とした歴史記述のあり方、すなわち、伝記的手法による建築史に注目することができよう。

こうした歴史において、建築は、建築家の活動や意図を証拠づけるものだ。この手続きに従い、一人の建築家が生涯に手がけた作品は、修業時代、動機、影響（受けたもの、与えたもの）、背景、転機、また、もっと大きく、職業上、芸術上の系譜などから、別な建築家の作品に関連づけられる。近年、こうしたアプローチは、歴史的主題を心理分析的伝記とする道を拓いてもいる。とはいえ、ある生涯がいかに歴史的に構成され、その内容を歴史家がどのように扱おうとも、扱われる対象の誕生と死は、いかなる主題に対しても明々白々とした始点と終点を与える。（同様に、ある協力関係の締結と解消、ある政権の誕生と崩壊を想起してもよいだろう。）これが、生涯の作品を、時代、様式、型、場所といったものに関係づける際、もっとも大きな役割を果す。また、ある個別主題を別なものと関連させたり、そうした主題を、歴史的事件を誘導し方向づけた周辺の状況に関連づけたりする際の手がかりにもなる。建築家の生と死、この事実と制約によって、建築史は伝記のごとく展開する物語として組み立てられる。たとえば、生涯のうちに発展段階を想定したり、建築家個人とそれに影響を及ぼした外的な力との関係を追ったりするのである。(28)

ここで注意しておきたいのは、伝記というものが、多かれ少なかれ著者の創作物になってしまうことである。伝記的主題が歴史にまとめられる際に、その時代の歴史学の傾向が映し出される。すなわち、そうした伝記記述は、取り上げられる個人に関して、その時代に、知られていること、知りうること（知る必要があること）の提示にほかならない。さらに、模範的建築を生み出した人物を連ねることで、建築の幅広い歴史的展開を示すのである。たとえば、ルネサンスはブルネレスキ、バロックはボッロミーニ、啓蒙主義時代はトマス・ジェファソン※8、モダニズムは**ル・コルビュジエ**といった具合である。こうした名前を次から次に呼び出すことは、それらのつながり、そして、そこに付随するさまざまな話題をまるごと呼び出すことになる。

（自伝を含め）年代記的に書かれた建築史は、通常、作家研究や作家の全集を含むが、それらは、建築家の主要な作品を紹介するとともに、作品分析の枠組みをも提示する。建築家個人の生涯にまつわる事実が、作品の理解に適切な切れ目を与えてくれることから、博物館の学芸員に好まれる手法である。その際、生涯における大きな出来事、旅、移住、重要な作品の実現（あるいは失敗）などが鍵を握る。展覧会で示されるこうした切れ目について、評論家や、該当分野の研究者からクレームがつくことがあったとしても、基本的に年代順に編成された記録である事実が揺らぐことはない。

建築史を年代記として記述するという姿勢は、建築を作家の作品とする立場に拠っているのであり、建築家を、芸術家や工芸家同様、作品を左右する主体と捉える。この考え方は比較的新しく、たかだかルネサンス以降のものだ。建築史の範囲が都市に及ぶ場合でも、計画の意図がはっきりと分かる場合は、その計画者に対して「作家」と言うことはある。ドイツ第三帝国でベルリン計画を担当した**アルベルト・シュペーア**、近代ニューヨークを形づくった**ロバート・モーゼス**、「新フランクフルト」計画の**エルンスト・マイ**、さらに、作家の個性がもっとはっきりと分かる例としては、キャンベラを手がけたウォルター・バーリーとマリリン・マホーニー・グリフィン、チャンディガールを手がけた**ル・コルビュジエ**と**ピエール・ジャンヌレ**、ブラジリアを手がけた**ルシオ・コスタ**など。こうした例は、全体計画に建築作品と同じような自立性を認めることで、建築家の作品と見なされる。

二〇〇一年、**ミース・ファン・デル・ローエ**（一八八六〜一九六九）に関する二つの展覧会が、ニューヨークで同時開催された。ニューヨーク近代美術館での「ベルリンのミース」展、ホイットニー美術館での「アメリカのミース」展である。(29) 両者には、これまでに指摘したいくつかのポイントが見て取れる。建築家の業績は、一九三七年、すなわち、ドイツからの移住という事実を区切りとして、ヨーロッパとアメリカ、「二つの時代」にはっきりと区

※8 トマス・ジェファソン（Thomas Jefferson 一七四三〜一八二六）はアメリカ合衆国第三代大統領。自邸モンティチェロやヴァージニア大学等、新古典主義建築を手がけた建築家としても知られる。

分される。シカゴに移ってから、ミースの仕事はどのように変化したのだろうか。彼の仕事のどの部分がベルリンに「帰属する」のだろうか。アメリカ的な特徴としては何があるだろうか。ミースの仕事や構想のなかに、制作地を超越するものはあるだろうか、あるいは、彼を語る際に必ず付いてくる近代運動という知的・芸術的文脈を逸脱するものはあるだろうか。この物語が描く軌跡は、長く見積もれば、若きミースに刻まれた原体験にはじまり死後の影響力まで、もう少し短くするなら、彼が手がけた最初の建物から最後の建物までになるだろう。二つの美術館、および学芸員たち（ニューヨーク近代美術館のテレンス・ライリー、バリー・バーグドル、ホイットニー美術館のフィリス・ランバート）が企画した生物地理学的な区分は、ミースを研究する歴史家がミースの作品の一部としか見ない「生涯」に関して、幅広く展開可能な材料を提供したのであった。

伝記的建築史は、それ特有の概念的問題をさまざまに生じさせる。伝記としての記述を裏づける根拠は種々様々であり、直接の因果関係もあれば、無数の周辺要因による非常に見えにくい影響関係もある。ある建築家が生涯に手がけた作品は、もしかすると終わりなき主題となるのかもしれない。なぜなら、知的・芸術的な制作物は解釈を必要とすることもあれば、それを拒絶することもあり、またある場合には、建築や芸術の関心において共通する別な作家を引き合いに出して意味を持つこともあるからだ。建物や地域計画、モニュメントや実施されなかったプロジェクト、こうした個々の作品は、その建築家の生涯にわたる芸術的、文化的、技術的な取り組み、建築家の個性、建築家の生涯を縁取る文化的、歴史的、地理的な状況、はたまた、建築家が自作について語った内容によって、さまざまに説明がされるだろう。これに対し、建築家の意志以上に、経済、政治、宗教、材料、建設技術、知的形成過程、専門機関といった外的な要因に強い意味を認める人たちであれば、また別な解釈をするのだろう。

伝記的に書かれた多くの建築史はあきらかに聖人伝的で、その建築家を模範的人物とし、彼らの言動に共感するような視点で描こうとする。建築家自身も、自らの生涯や活動について歴史的な解説をすることにまんざらでなく、その内容も批評的なものから自己宣伝的なものまで多数ある。ある建築家に関する研究がたとえ偏見と偏狭に満ちた内容であったとしても、誰かの生涯に関する事実や材料を記録するという点では意味がある。ある建築家を世の中に紹介する目的で企画される出版物や展覧会は、建築家の基本的な史料を整えたいという熱意と献身によって突き動かされていることが多い。そうした史料が、後の歴史家の研究に用いられることもあるだろう。後発の研究ほど、新しい史料の発見というよりは、年代を見なおしたり、個々のプロジェクトの重要性を再検討したりすることになる。だからといって、建築家の生涯や作品をはじめて記録したことの意義が損なわれることはない。いわゆる「批判的建築史」の多くは、この最初の、したがって、多少の偏愛を含んだ研究や分析の成果があってこそ成立するのである。

「現実的な」(あるいは妥協的な)手法と言われるかもしれないが、建築家の作品に影響を及ぼす内的、外的な要因をうまく両立させた建築史もある。マルコ・デミチェリスが監修した『ハインリッヒ・テッセナウ、一八七六～一九五〇』(一九九三年)や、ヨハン・ラガエによる『クロード・ローレンス』(二〇〇一年)は秀逸な成果である。(30) いずれも、全集という体裁を取り、伝記的なスタイルではありながらも、慣例にとらわれない手段や指標を駆使して、多様な意味づけを行っている。少し前に紹介したミース・ファン・デル・ローエ展の研究書と似てはいるが、それぞれの建築家を批判的に、また、歴史的に扱っており、建築家の作品を自分たちが与する大きな歴史につながるような主題や事例に照らし検証している。それでも、生涯が定める始点と終点、その間の発展的軌跡、という制約は抱えたままである。

地理と文化

伝記的に記される建築史の特徴は、国土、植民地、地域、市域といった地政学的境界の制約を引き受けること、あるいは、文化や言語の別、領土を超えた属性、移住の有り様を示すことに相通じるところがある。一国の建築史が個別の研究分野になるとしても、近代国家の宿命である国境を超えた活動、移民や出稼ぎ等を考えれば、複雑な因子が絡み合うことはあきらかだ。たとえば、もし現代のある国家の建築史を書くとしたら、かつて帝国主義のもとに一貫した建築の展開があった個々の領土や、言語の異なる地域などをすべて含むものになるのかもしれない。二十世紀の国家は植民政策の只中にあり、ひとつの領土とその歴史は植民地と結びつき、最終的には、他の植民地ともつながっていた。南アフリカ、オーストラリア、ニュージーランド、カナダの建築の歴史は多くの点で異なっているが、英国支配下の植民地という経験を共有する。[31]また、南アフリカ、インドネシア、ニューヨークは、オランダの植民を経験している。建築史家の多くが了解しているように、国家や国土は地図上の国境線のようにわかりやすくもないし、不動のものでもない。とはいえ、こうした線が、ある領域や文化圏の建築を考えるのに役に立たないわけではない。[32]

一例を挙げるなら、スイス建築の歴史が、現実面でも概念の上でも、こうした問題に深く関係し、考察の材料になる。複数の国を転々とする建築家には、スイス生まれだったり、他から移り住んできたり、ドイツやフランスやイタリアといった近隣の言語圏と強い絆を持つケースがある。こうした地理的な浸透を論じた興味深い歴史書に、アメリカ人G・E・キッダー・スミスの『スイスの建造物：土着的で近代的な建築』（一九五〇年）がある。豊富な写真を掲載し綴ったモダニストによる歴史書である。その長い序文において、プラハ生まれのスイス人建築史家、**ジークフリート・ギーディオン**は、スミスの説明する内容につながるように、スイスの持つ「特徴」についてややとりとめのない考察をしている。ギーディオンによる「土着建築へのいざない」は、次のような文章ではじまる。

ここに紹介される土着的で地域固有の建物は、地域住民が住んだ家、彼らの暮らしに関連する納屋や農作業小屋といった建物である。「様式」を用いた大規模な自治体の庁舎や、公共建築は扱われない。というのも、これらはたいてい外来のもので、どんなに場所が離れていても、同じパトロン、また、教会や自治体の指導下につくられ、いわば外国の建築の展開に等しいからである。教会建築は、住民の生活に密着するという理由で扱うものの、ルネサンスやゴシックやバロックの大聖堂ではない。こうした様式建築は、むしろスイスを取り囲む隣国の建築を理解するための実例と見るべきだろう。(33)

『スイスの建造物』に収録される建物の条件は土着性を示すものである。ギーディオンにとって、それは外国から持ち込まれた建築、（たとえば）ヨーロッパの教会建築史で語られるような様式や形態や型を受け入れたスイス建築ではなかった。

　約二十年後に出された『スイス建築の新しい傾向』（一九六九年）には、前掲書とよく似た目的と意図がうかがえる。著者のジュール・バッハマンとスタニスラス・フォン・モースは、土着性の定義に関して、スミス以上に柔軟な姿勢をとっている。スイスはその国らしさを、たとえば、「機械、チョコレート、チーズ、腕時計、さらに、国の「中立性」」によって表明するわけだが、「とりたててスイスのものと言えるものがあるのだろうか」、とも疑問を投げかけている。[34] バッハマンとフォン・モースの書が取り扱う範囲は、スミスの書に似ている。どちらも近代建築を扱うが、スミスの本が、地元に密着した性格を示す建物を取り上げるのに対し、バッハマンとフォン・モースは、この地域をスイスらしさと欧州国際主義が交差する場として位置づける。

　スイス一国に関して長い歴史を追う試みをしたのが、ほぼ同時期に出されたエーバーハルト・ヘンペルの本で、これは地政学的境界を宿命とする歴史家たちに新たな方向性を示した。ヘンペルの『中央ヨーロッパのバロック美術と建築』（一九六五年）は、**ペヴスナー**の「ペリカン美術史」叢書の一冊であり、歴史やその方法に関する考察をうかがうことができる。[35] 特定の地域や年代の研究に入る前に、経済、芸術、文学、宗教、芸術の制作組織、支援者、様式といった問題がとり上げられる。ヘンペルは年代順の構成を取りつつ、（サブタイトルを引用すれば）「十七、十八世紀の絵画と彫刻」、「十六～十八世紀の建築」というふうに分割して歴史を記述する。

　ヘンペルの書は、広範な主題（建築、絵画と彫刻）を扱うなかで、国境線をかなり流動的な指標と捉える。すなわち、「英雄時代、一六〇〇～三九」、「三〇年戦争後の復興時代、一六四〇～八二」というような時代区分の中に、「建築」という見出しがあり、それが、スイスはもちろんのこと、オーストリア、ハンガリー、ボヘミア、モラヴィアなどが[※9]、地域毎に記述される。続く二つの区分は、「バロック時代、一六八三〜一七三九」、「ロココとその終焉、一七四〇〜八〇」であり、それが領域に分けられ、さらに、「建築」、「彫刻」、「絵画」に細分される。個々の分類項目についてはばらつきもある。プロイセンについてはバロック時代への貢献が検討されるものの、シロンスクのロココ芸術については一瞥をくれる程度にとどまっている。

スイスは、オーストリア、ハンガリー、ポーランドとともに、広範囲に及ぶ芸術や歴史の流れをつくったわけだが、その文化、歴史、地理、技術の独自性がどうしても中央ヨーロッパという大きな地理区分にしたがって論じられてしまう。（ヘンペルにしてみれば）そうした独自性を、この時代の全体史に照らしてうまく整合させる必要があったのだろう。

地政学的な制約を引き受ける歴史は、境界自体の歴史にも大きく左右される。中央ヨーロッパのバロックを扱ったヘンペルの歴史は、当時（一九六五年）の国家をそれ以前の領域変動を考慮して捉える。だから、かつてのチェコスロバキアが小見出しに出てくるが、同様に、ボヘミア、モラヴィア、シロンスクも出てくる。これらは一九一八年から一九九三年まではチェコスロバキアを形成していたが、現在までにその一部がチェコ共和国となっている。もっと南に目を移すと、たとえば、オーストリアの建築史は、ウィーンを中心とする領域として拡大縮小し、公国、帝国、共和国へと推移した。すなわち、こうしたオーストリア建築史は、ポーランドやトルコの建築史と重なる部分が出てくるのであり、やはり領域変動の問題にぶつかる。オーストリアに限らず、ポーラ

※9　現在のチェコ共和国西部がボヘミア、東部がモラヴィア。チェコ北東部からポーランド南西部にかけてがシロンスクである。

ンド、ドイツ、チェコ共和国といった国については、十八、十九世紀の移民、さらに、二十世紀半ばのユダヤ人建築家の移住によって事態はさらに複雑化する。こうした状況を踏まえれば、アメリカ、南アフリカ、オーストラリアの建物に対して、（これまでの話題に従うなら）「オーストリアらしさ」、あるいはもっと厳密に「ウィーンらしさ」、あるいは、少なくともオーストリアやウィーンの建築的伝統を見定めるような視点がありそうである。

伝記的に書かれる建築史、地政学的に書かれる建築史、両者は方法として異なるわけだが、共通点は何だろうか。ひとつは、いずれもが、個別論と全体論のバランスをうまく取らなければならない点にあるだろう。たとえば、ある建築家の作品を同時代の全体に通じる指標としてどの程度評価するのか、あるいは、ひとつの国、王領、区域の建築を、どの程度、国家を超えるもっと大きな範囲の、あるいは国際的な指標として捉えるのか。近代運動を専門とする歴史家は、とくに、作家論と地政学の両面から、そうした問題に取り組んできた。建築史家は、自分たちが取り組む主題の特殊性、作家や国家を論じる際の煩雑さに、どの程度迫れているだろうか。

ほとんどの場合、地政学的な境界は、建築史の範囲を定める便利で気安い手法となりえている。ただ、こうした境界線はけっして自然にできたものでも不動のものでもない。ある領域、場所、文化に対する歴史家の書き方を見れば、その背後にさまざまな情報を読み取ることができる。

型

十八、十九世紀になると、建物の形態、特徴、構成を、建物の用途と相互関連させることにより、建築を他の自然現象や文化現象と同じように捉える視点が登場してきた。鳥類、絵画、岩石、民族と同じように、建物は、歴史とは無関係に、系統に従って分類することができる。建築史に類型学的アプローチが持ち込まれると、知の活用という考え方の下、建物を機能別に分類する試みが行われた。『建築史辞典』（一八三二年）において、**アントワーヌ・カトルメール・ド・カンシー**は、建築分野で用いられる型という用語を次のように説明した。

型という用語が指す内容は、物のイメージよりは、模範を規定する前提要素といった考えに近い。実践面で言えば、模範とは、そのままに繰り返されるべきものであり、一方、型とは、一見類似性がないような作品群に芸術家が想起しうるものである。すべてがはっきりと定まっているのが模範であり、すべてがおよそ判然としないのが型になる。(36)

「型」は「模範」に比べて柔軟なカテゴリーとして、共通する情報、たいていは用途にしたがって、建物のおおまかな分類を可能にする。建築が歴史を持つと考えられるのと同じように、それは種別を持つとも言えるのである。われわれは、病院、大学、教会、工場、博物館、集合住宅、駅舎、劇場、図書館、空港といった施設ごとの建築史を想起することができる。系統毎に、それらしい外見と機能を有し、型特有のカテゴリーによって細分される。たとえば、教会建築という型は、典礼、平面形状、時代といった細目に分けられる。同様に病院であれば、回復期患者のための病院、精神病患者の施設、伝染病の病院が、それぞれ個別の建築史として記述されるだろう。型は、自然とも密接な関係を持つ。一七五三年の**マルク＝アントワーヌ・ロジエ**の論考において、「初源の」小

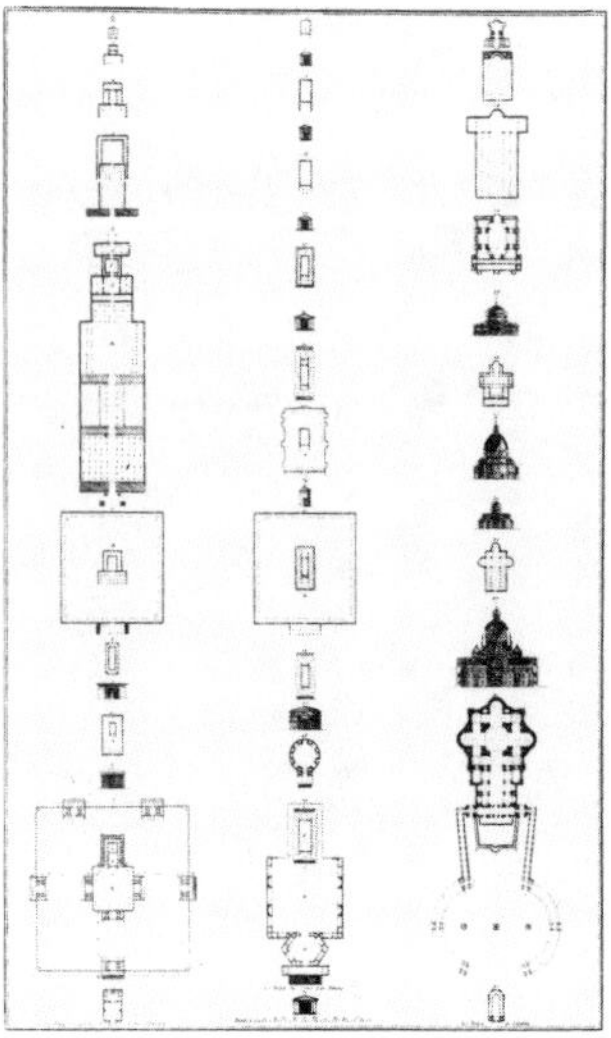

図9　聖堂型の発展を示す図、ジュリアン＝ダヴィッド・ル・ロワ『歴史および建築の観点による、ギリシアのもっとも美しい記念碑の廃墟』より

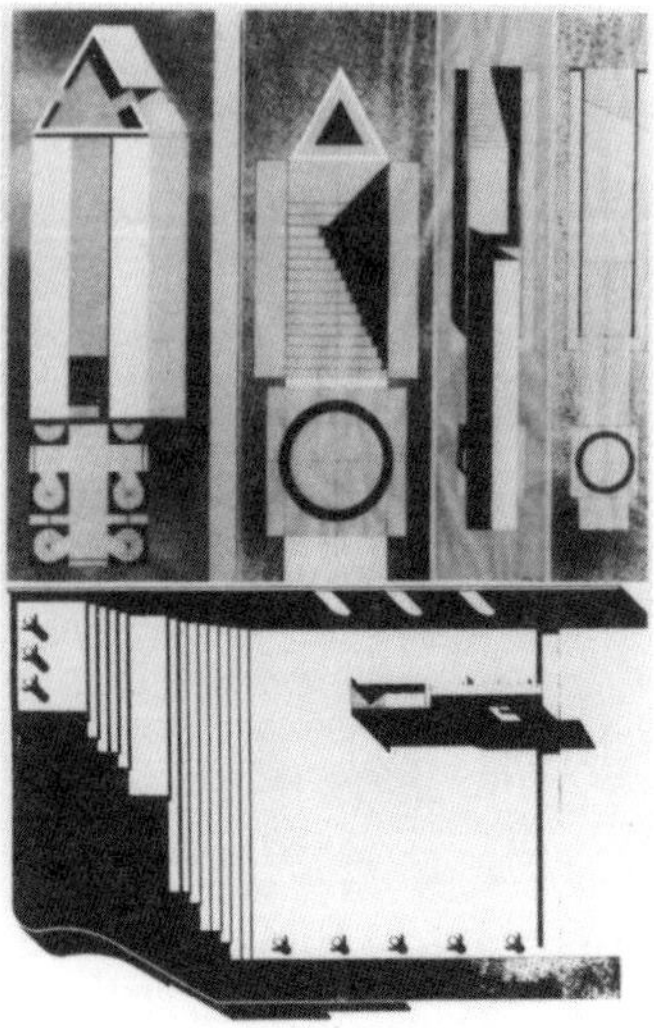

図10　マンフレッド・タフーリが紹介したアルド・ロッシの形態分析、『建築のテオリア』（1968）より

屋には「完璧な幾何学的理想」が反映されていた。[37] 樹木が円柱の、その枝ぶりが素朴な破風の原形となった。**アンソニー・ヴィドラー**は一九七七年の論文で、これを「第一の類型学」と呼んでいる。[38] すでに述べたように、建築の型は建物の用途とも関係し、その変化を歴史的に追うことができる。たいていは、平面構成の変化が分析される。ヴィドラーによれば、これが「第二の類型学」である。こうした種別は建築の領域外からもたらされるもので、建築の外側に起きた要因が建物に作用し建物が変化するといった具合だ。したがって、第一と第二の類型学は、様式とは真逆の方向性を持つ。（すでに見たように）様式は、外的な力や刺激に反応するとはいえ、基本的には建築に内在的なものである。[39] 類型学的に教会建築の歴史が規定される際、その判断はほとんど、建築や美の特性ではなく、宗

教、文化、社会といった要素によってなされる。結果、見た目が全く異なる教会群、全く別な建築理論に基づく教会群が、類型学的手法によって整理され、ひとつの建築史を形づくることがある。[40]

（以上の他、ヴィドラーは「第三の類型学」も提示している。これは自律的、自己規定的な建築形態を意味し、一九六〇、七〇年代に国際的な動きになった。なかでも**アルド・ロッシ**の建築作品や著書の影響が大きかった。この第三の類型学的アプローチは、歴史的建造物をデザインや構成に役立つ素材のレベルまで還元し、「建築の基本要素」とする。この手法は、建築家に、建築史が設計の手がかりになることを強く訴えた。その方法についてはまた後の章でも触れたいと思うが、たとえばダニエル・シェラーは次のように評している。「型はまさに何一つ繰り返すことはしないが、なんとなく、かつての都市がどのようであったか、その雰囲気をわれわれに思い起こさせるのである」[41]）。

ペヴスナーは『建築タイプの歴史』（一九七六年）の序文で、建築史を類型学的な知として捉え直すことが、十九世紀の建築家の活動を幅広い視野で理解することにつながると述べている。ペヴスナーの議論に従えば、建築はかつて「教会や城館や宮殿」の領域だったけれども、いまや建築家は「無数のビルディング・タイプ」に関わることになっている。（一八八六年時点の）アメリカ人建築家のヘンリー・ヴァン・ブラントを引き合いに出し、先のビルディング・タイプに加え、「売店、厨房、広間を備えた教会」、ホテル、学校および大学校舎、スケートリンク、カジノ、音楽ホール等を取り上げることで、過去二世紀の間に建築家が手がけるようになった仕事がどれだけ膨らんだかについて述べている。[42]ペヴスナーは、十八、十九世紀の建築史を「伝統的な建築史記述に認められる型の研究」として紹介するほか、自身のビルディング・タイプの歴史を補完するような最新の成果も数多く紹介した。[43]なかでも、キャロル・ミークスによる『鉄道駅』（一九五六年）、一九六九年のヨハン・フリードリッヒ・

ガイストによる十九世紀アーケードの歴史は優れた業績と言えよう[44]。

もちろん、ペヴスナーの本は、建築類型のすべてを語りつくしたわけではなく、主対象は十九世紀の建築家が重視した型である。ただ、本の「前書き」で、示唆に富む見解を述べている。「建物をこのように扱うことで、様式と機能の両面から、その展開を説明することができる。つまり、様式は建築史の関心事であり、機能は社会史の関心事である[45]」。ペヴスナーの言い方によれば、そのとき、型は、機能、材料、様式、歴史が組み合わされたものであり、それが類型学的な歴史となって、依頼主やパトロンが建築家に命じた内容や、建築家が用いた技術の程度や、建築の内側に潜む芸術や思想の展開を伝えてくれるのである[46]。

昨今の建築史が類型学の手法を取り入れているとしても、建築を種類分けする理論を推進したいからではない。むしろ建築史にとって、型は他の研究手法と組み合わせて用いることのできる便利な切り口となる。マイケル・ウェッブの『今日のイギリス建築』（一九六九年）は、地理と時代で区分された歴史に類型学的な手法を用い、現代のイギリス建築を数多くの細かい種類に分ける。教育や組織の型、さまざまな規模の住宅、店舗や事務所、スポーツ施設や教会など[47]。類型学的な分類は、こうした歴史によってかなえられる最終目標ではないが、類型が扱いにくい主題に有効な区分をもたらしているのはまちがいない。

イゲア・トロイアーニが、オーストラリアの建築家スチュアート・マッキントッシュの銀行建築についてまとめた歴史があるが、これは作家の全作品の編集に類型学的手法を取り入れた典型例である[48]。彼女は、銀行建築の設計手法、施主との関係、実務と建築思想とのすり合わせ、といった課題にマッキントッシュがどのように対処したかに迫る。こうした問題のたて方は、作家論、関係論、時代論的な特徴を備えながら、もっと大きな近代建築史、とくにオーストラリアの近代史にも関連づけられている。繰り返すが、トロイアーニの手法を類型学的と言うことに意味があるのではなく、マッキントッシュの銀行を論じるにあたって、彼女が、建築史、建築家伝に類型学的区分を導入し、マッキントッシュを含む全体史の分割を試みていることが重要なのだ。

ウェッブの本に見られる建築史の類型学的編成はもはや当たり前だと思われるかもしれないが、類型学に基づきつつも、より複雑な歴史学的方法を展開した例もある。

たとえば、『芸術のための建物?』（二〇〇六年）で、ウーター・デイヴィッドは美術館、現代美術館という型のさらなる細分を試み、類型学的かつ批評的な読みを展開した[49]。デイヴィッドの本は、安直な類型分析を保留し、自身の問題意識に沿った「自然な」切り口を用意した。彼は、美術館を扱う建築史が、建物に作用する建築外因子にあまりにも無関心であることを問題視する。彼にとって、美術館は建物であるが、組織でもあり、また、次々に展開していく企画の連鎖でもある。デイヴィッドの考察は、美術館組織の仕組みや要請に注目した上で、それが拠り所とするビルディング・タイプを歴史的に説明するものだ[50]。組織よりも建物を重視してきた従来の建築史を見直そうという試みだけに、施設の歴史を語るにあたっては、建築を使用する組織の目的や方針こそが建築の決定因子になるとの判断がなされた。

公然と類型学的構成を謳う建築史は別にして、類型学的手法を取り入れる建築史のほとんどが、建物の機能による分類を実用的な理由から行うのであり、そこでの型は、揺るぎない固定的なまとまりというより、歴史研究の守備範囲を定める便利な手段というほどのものである。

本書の最初の方で確認したように、建築史家たちは、建築の歴史的定義について統一の見解を持つことができなかった。この失敗がきっかけとなり活発な議論がなされ、概念の違いが浮き彫りになるとともに、過去の建築を研究する幅広く多様なアプローチが展開した。それでも、建築史が扱う対象を、人間の文化を示すあらゆる時代の建物と考える人もいれば、わずか数世紀のヨーロッパの伝統に限定する人もいる。

レイナー・バンハムは、生前に残した最後の論考で、この問題がいかに歴史記述を左右するか、について考察している。つまり、歴史に記される建築には何がしか特殊なところがある。いや、人が記述しうる歴史というのは、他とはちがう特別なことを成し遂げた建築家に関する内容でしかない。[51] 後者に関して言えば、建築史学の前提とも言えるこの定義には、建築家が登場する以前の建築職、すなわち、熟練した石工、彫刻家、あるいは、歴史的な諸事情によって今日的な意味で「建築家」と呼ばれてこなかった人たちを含めることができる。そうすると、先の問いはこうなる。歴史上、建築家と見なしうる人物、建築と呼びうるその作品、歴史に記述しうるもの、それらを加味したうえで、建築家がこれまでに成し遂げてきたことは何か、と。この種の歴史は、建築家に意図があろうとなかろうと、建築の構想が形になる点に一貫性を認める。このように捉えられる建築の歴史は、当時は概念として存在しなかった「建築」や「建築家」という言葉をあえて用いる。こうして現在は過去とつながり、その用語がこれまで背負ってきた概念や制度の重みに縛られることなく、建築史家は歴史を語ることができるのである。

ミシェル・フーコーが示した手がかりに従うと、以上のような建築史は技術の歴史と捉えられる。その際、技術は言説《ディスクール》の産物である。※10 フーコーの思考がここ数十年の建築史学にもたらした歴史区分、その取り入れをもってフーコー的だというつもりはないが、建築学の範囲で技術を扱った歴史、建築を技術と捉えた歴史がある。[52]

図11　螺旋造形の比較、ギーディオン『空間・時間・建築』より

こうした守備範囲の広いアプローチによって、建築史で扱われる対象は、ドローイング、築造、建設、透視画法、建築理論書（イタリア語のtrattazioneがここで言う技術のニュアンスをうまく捉えている）、建築設計図（再度イタリア語で言うとprogettazione）、あるいは、単純に、窓、扉、隅部や通路の設計手法等になる。これらはどれも、長期にわたる建築史で捉えられる主題である。ギーディオンの『空間・時間・建築』（一九四一年）は、このアプローチを用いた模範的建築史であり、三つの抽象概念に近代の建築家の価値や活動が結びつけられ、そこから遡及的に歴史が構築される。[53] 二巻本の『永遠の現在』（一九六二年）も、

※10　フーコーにとっては、人間のあらゆる実践の表れがディスクールであった。

「空間の創造」を捉えた美術史の古典的業績である。そこでは、近代主義的な目的論に到達するまでの長い助走期間として、メソポタミアやエジプトの実例に遡って考察がなされた。(54) ギーディオンの弟子、クリスチャン・ノルベルグ・シュルツは、これと似た方法を『建築における意図』(一九六五年)、『実存・空間・建築』(一九七一年)、『西洋建築における意味』(一九七五年)といった著作に展開した。(55) ここに捉えられる技術は「場所をつくる」ことであり、この現象学的な考えが、ノルベルグ・シュルツの著作に共通する重要な通奏低音であり、歴史の拠り所でもある。建築における、あるいは、建築自体の技術を取り扱う歴史がどのような性格や方針のものであろうと、長期間を捉えようとする歴史学的方法のほとんどは、フランス歴史学の展開、つまり、リュシアン・フェーブル、[※11] マルク・ブロックから、フーコーまでの流れを汲んでいる。数ある実例の中からここに紹介したギーディオンとノルベルグ・シュルツの業績において、技術の歴史は、建築というより、あらゆる実践の歴史である。必ずしも、いや、そのほとんどが建築に限られた問題ではないのだ。また、こうした歴史家が歴史記述する「技術」それ自体が、歴史の産物である。だから、この種の歴史を、それが書かれた時代から切り離すことはできない。

近年、ジョン・マッカーサーとアントニー・ムーリスは、長期の建築史を読む材料として、図面（あるいは建築図面）の歴史を取り上げた。建築における他の技術と同様、図面も建築史家が歴史的に捉えうるものである。建築家にとって、図面で考えることは、建築において当たり前のことではなく、むしろ人づてに伝わり慣習となったところがある。オーストラリア・ニュージーランド建築史学会（SAHANZ）二〇〇五年の大会論文において、マッカーサーとムーリスは、建築図面の歴史を建築史とする際の問題を次のように考察した。「さまざまな社会的、歴史的状況に応じ、建築の概念も著しく変化したわけだが、図面は建築にとってなくてはならない道具であり続けてきた。その際、固定的な建築概念を前提に、図面の歴史を組み立てるのは難しい[56]」。建築史を西洋の伝統の範疇で捉えたとしても、その性格、技術、知識、仕事内容、建築家の立場、そのすべてが時代とともに激変している。「建築」を「建物にまつわる芸術あるいは科学」と大雑把に定義する以外に、社会、テクノロジー、制度のあらゆる変化に耐えうるような用語があるだろうか。こうしてマッカーサーとムーリスは「長期間にわたる建築史の材料になるもの」を問題にしたのであった[57]。

図面は、時代とともに変化するものを一貫して捉えさせてくれる歴史的主題である。それは、文字通りにも、概念的にも捉えることができる。たとえば、ドローイングやダイアグラムはもちろん、建物そのものにも読むことができる。ある描かれた図を歴史家が建物の構想と見る場合、それは縮尺表現された現実とも、その居住者の経験に基づく図とも見ることができる。（古典的な歴史の課題で言えば、一七五〇年に**ピラネージ**が描いた架空の建物、アンピオ・マニフィコ・コッレージョの複雑な平面を理解するようなものだろう[58]。）逆に、現存する建物を出発点とし、歴史家は、もっと幅広く通用する抽象的なダイアグラムを導くこともできる。**コーリン・ロウ**がルネサンス建築と近代建築の比較を行った有名な論考「理想的ヴィラの数学」は、この可能性を示した例である[59]。

図面に関する歴史的な知は、以上二つのアプローチのいずれにも作用する。図面制作という行為は、建築にお

※11　リュシアン・フェーブル（Lucien Paul Victor Febvre　一八七八〜一九五六）はフランスの歴史家。文献史料主義を批判し、統計、地理、経済等の情報を駆使した社会学的手法に可能性を見出した。マルク・ブロック（Marc Léopold Benjamin Bloch　一八八六〜一九四四）とともに、アナール学派の創始に貢献した。

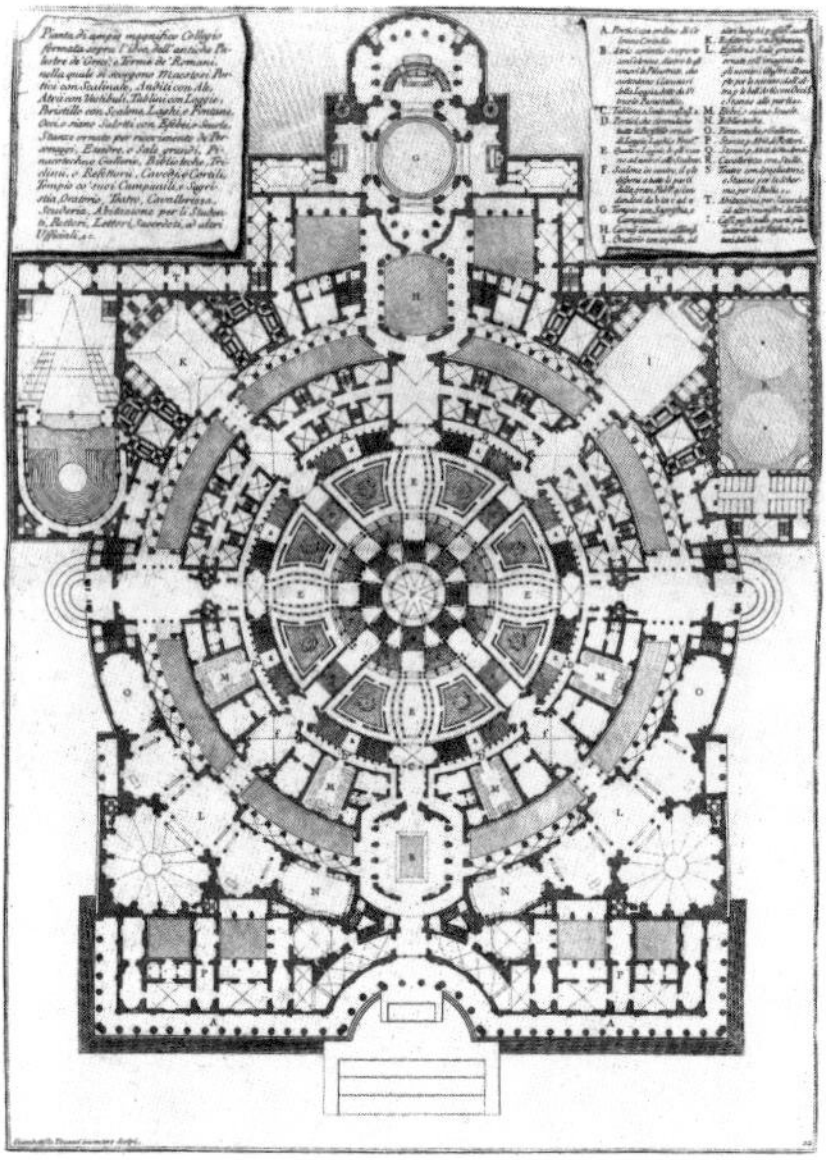

「アンピオ・マニフィコ・コッレージョ」、ジョヴァンニ・バッティスタ・ピラネージ『建築、景観、奇怪なもの、古代遺跡に関する様々な作品』（ローマ、1750）より

ける「技術」の表れであり、それは（描かれたものであれ、読み取られたものであれ）図面を出現させた個別状況とは独立しながらも、建築が大きな歴史の流れの中でどのように存続したのかを見る際、建物の個別状況を超えた歴史的文脈として捉えうるものである。ゆえに、図面を手がかりにする建築史は、その研究が歴史の一潮流を捉えるのか、それとも、建築家の制作活動に付随する歴史意識を捉えるのか、といった問題を抱える。

その選択が概念的にどのような意味を持とうとも、図面に着目する建築史は、芸術、工芸、職業、職能といった建築に認められる時代の差を乗り越え、歴史研究の一アプローチとして、（様式、地理、建築理論、社会・文化という切り口から描かれる）別な建築史が歴史性と捉えるところに連続性を認め、建築史記述の基本的前提とする。この意味で、図面制作という技術は、歴史的に捉えられてきた他の技術と同列になる。そのひとつひとつが建築を捉える新しいフィルターとなり、「古典的」と思われるような歴史記述の手法や方向性に新たな刺激となるのである。

主題と類似

六つ目にして、最後となる建築史学のアプローチは、これまでの五つとはかなり質が異なる。様式や型や技術の歴史として描かれる建築史が、建築の内側に打ち立てられる歴史的連続性を頼りにするのに対し、主題や類似によって描かれる建築史は、建築とその「外部」にある、具体的、抽象的な関係に着目する。主題を設定し描かれる建築史は、建築的動向と他の歴史的動向、建物とそれに付随する用途や意味を一致させようとするのであり、場合によっては、居住や表象といった建築の領域をはるかに逸脱するような主題に踏み込む。逆に、類似を切り口にする建築史では、建築の領分を超える問題、かつては建築史家の守備範囲外と見られていた問題に対して新しい知見をもたらすような分析概念が追究される。そこでは、たとえば、建築がテクノロジー、情報システム、政治、社会、医療等とどのように類似するのか、あるいは、建築史家が用いる手法や方法のうちでどれが、他分野の研究に貢献しうるのか、といったことが問題になる。

このような建築史は、二十世紀後半の建築文化において培われた独特の記述スタイルを特徴とし、通常は建築論と呼ばれる。特定主題を掲げる建築史には、建築を建築外の歴史や理論の主題として捉えるものや、建築の関心や発展を建築外の主題に重ねるものがある。それらはしばしば、「建築」という用語を、家庭、言語、身体、政治、宗教、社会、科学、理想郷、暗黒郷、衛生、テクノロジー、広告、消費、記憶、文学、映画といった外部要素とセットにして捉える。その展開は実に幅広い関心事にわたり、近年に出された重要な業績のいくつかがここに含まれる。その歴史は、建築的主題のなかに、あるいは、建築的主題を通じて浮かび上がるさまざまな接点や類似点を論じる。こうした歴史家にとって、建築は、建築をはるかに超えた大きな現象の一指標であり、世の中の動きを読む材料でもある。

このカテゴリーは、これまでに取り上げてきたアプローチのいずれにも該当しないような歴史をすべて受け止めてくれる器なのかもしれない。実際、ひとつひとつの研究手法が建築や建築史を超えた膨大な学問分野に分け入っている以上、その明確な分類はかなり難しい。一九八〇年代以降、特定の主題を持った建築史が数多く発表されているが、そこにはそれまでの学問とはあきらかに違う意識が見て取れる。長期を捉える建築史が学問的関心から「技術」を意識したとすると、特定主題や類似を捉える建築史は学際性を明確に意識したと言えよう。建築は、物質や概念のさまざまな状況関係のなかに捉えられる。技術は建築領域の核心に迫るが、主題と類似はその周縁部分、つまり、建築と他分野の境目を論じるのである。

特定主題に絞った理論的建築史として初期の重要な例が、マンフレッド・タフーリの『建築神話の崩壊』(一九七三年)である。これは、啓蒙主義後の建築とイデオロギーの交わりを、歴史的、政治的に考察したものである[60]。タフーリが扱う政治やイデオロギーの主題は、ウィーン、ソ連、ヴェネツィア、ローマ、アメリカ、ドイツといった世界各地の状況を踏まえたもので、これが呼び水となって、追随する研究や、新たな試みを目指すような研究が続々と登場した[61]。政治学が特定主題研究のきっかけになるのは無理もない。最初に見たように、主題に注目するアプローチこそ、建築史における伝統的な研究法、編成法、記述法を踏まえた上での政治的な判断だったからだ[62]。主題を掲げることにより、たとえば、様式や型による歴史ではなかなかできなかった論証や分析が可能となったのである。アメリカの建築雑誌『オポジションズ』（一九七三〜八四年）に載せられた歴史研究は、（言語学的主題と並んで）こうした歴史学的主題の論考が多数を占める。『オポジションズ』の試みに追随するように、その後、『アッサンブラージュ』誌（一九八六〜二〇〇〇年）が表象の問題を中心に議論を展開させた。

ウィリアム・J・ミッチェルの『シティ・オブ・ビット』（一九九五年）は、今となっては、インターネットに馴染んだ「ネットスケープ」世代によってもたらされた、素朴な比較建築研究に思われる（「先ほどwjm@mit.eduが私の名前だと言ったが、それはアドレスだ、と思う人がいるかもしれない［もっともな意見であるが、的外れでもある］」）[63]。それでも、ミッチェルの書は、ネットワーク化された暮らしに生じるさまざまな問題を論じた建築論の先駆けだった。さらに、建築の主題や理論を、建築に発する問題ではなく、建築に類似した問題に転じる手腕を示した好例でもあった。ミッチェルは、物理的空間を仮想空間に置き換え、オンライン上のコミュニティがどのようにつくられるか、そして、それが場所の占有と三次元空間に立脚するコミュニティとどのように併存してゆくのかを分析した。理論的かつ批評的なスタンスで、ビジネス、コミュニケーション、さらに、ヴァーチャル・コミュニケーション、現代の生活様式を支えるインフラストラクチャーを捉えようとした。この目論見からすると、建築やその理論は、すでに存在している現象、今生まれようとしている現象、両者を批評的、理論的、歴史的につなぐ新しい役割を持つことになる。ミッチェルの『シティ・オブ・ビット』はそれ自体が、この転換点を示す歴史的な記録なのかもしれない。これに近い業績として、ジャン・フランソワ・リオタールの『ポストモダンのモラリティ』（一九九三年）や、ダグラス・コープランドの『マイクロサーフ』（一九九五年）が挙げられる。いずれも一九九〇年代中盤のテクノ・カルチャー分野に熱いまなざしを向けている[64]。しかし重要なのは、やはりミッチェルが、概念的にも

図13　パトリシア・ホワイトによって論じられた映画「扉の陰の秘密」(1948)の一場面、『性と空間』(1992)より

歴史的にも、建築外の問題に対して、建築および建築的考察の有効性を示した点にある。

建築や建築史家の手腕が既存の研究主題に新風を吹き込んだ例は他にもある。ディートリッヒ・ニューマンの『フィルム・アーキテクチャー』(一九九九年)は、近代映画という領域を超えて、タイトルにあるような二つの用語の相互交換作用について考察している。スティーヴン・ジェイコブズはこの主題をさらに推し進め、『間違った家:アルフレッド・ヒッチコックの建築』(二〇〇七年)をまとめた。これは、近代建築とヒッチコックの映画研究をあわせることで、歴史的、批評的な手法で、心理や空間の問題を扱う。もちろん、映画製作技術の歴史とも捉えることができるだろう。また、建築史におけるジェンダーの問題に取り組んだ論集も数多く出された。『性と空間』、『建築の性』、『スタッド』は、一九九〇年代の代表的な業績である。[65]

こうした編者や著者に建築史研究の意識がなかったとしても、いずれもが、建築史研究、歴史的建築やその理論的考察に、ポスト構造主義、ポストコロニアル理論※12を持ち込むことで、新しい知見に到達したのはまちがいない。結果として、こうした著作や主題は、新たな批評と理論を用いて歴史研究の主題をあきらかに拡張し、また、十九世紀に確立され二十世紀を通じ存続してきた時代区分という手法を見事に突き破った。建築史の主題が、建築の領域をはるかに超えた主題との関係で、また、他の歴史分野との類似として捉えられるとき、それまで批評家や建築史家が取り上げてこなかった人物や作品に光があたり、それまで規範とされてきた対象の幅が拡張する。既定の価値基準が新たな分析手法によって見直されることで、歴史研究の主題はいっそう複雑になる。結果、その重要性に変わりはないとしても、規範を根拠づける仕組みが問い直されていくのだろう。

建築の過去を編成する際に用いられるアプローチは、以上に見てきた以外にもきっと存在するのだろう。現代の建築史家が用いることのできる手法には、昔から変わらない定番のものから、歴史学に相対主義やコンテクスチュアリズムが持ち込まれた二十世紀後半のものまで幅広くある。どの手法が大々的に展開されるかは、当然、知の動向に影響を受ける。建築史を記述するための柔軟な切り口として見れば、それぞれの手法が多様な形で融合していくことにより、茫漠として雑多な建築の過去を建築史家が整理する手法がかなり豊富になったと言うことができよう。本章は、歴史家が過去を歴史記述する際の手法について考察してきたが、次章では過去の素材へと目を移そう。建築史の素材として、過去の何が現在に残されているのか。われわれは建築史が語る内容について話してきたのだが、その次は、当然、その根拠について検討しなければならないだろう。

※12　西洋近代が植民地支配を前提に発展してきたことに対して見直しを迫る批判的思考。支配された側の視点が重視された。

註

1 Johann Gottfried Herder, *Reflections on the Philosophy of the History of Mankind*, trans. Frank E. Manual ([1784-91, 4 vols.] Chicago and London: University of Chicago Press, 1968), esp. 79, in 'Humanity the End of Human Nature'. Peter Kohane, 'Interpreting Past and Present: An Approach to Architectural History', *Architectural Theory Review* 2, no. 1 (1997): 30-7 も参照。

2 Carl Albert Rosenthal, 'In What Style Should We Build?' in *In What Style Should We Build?* by Heinrich Hübsch, Rudolf Wiegmann, Carl Albert Rosenthal et al., trans. & ed. David Britt ([1829] Los Angeles: Getty Center for the History of Art and the Humanities, 1992), 114.

3 George Selwyn, 'Parish Churches in New Zealand', *Ecclesiologist* (1841), cited in Robin Skinner, 'Representations of Architecture and New Zealand in London, 1841-1860', Ph.D. dissertation, University of Auckland, 2007, 163-224, 168.

4 ひとつの徴候としては、Jean Étienne Casimir Barberot, *Histoire des styles d'architecture dans tous les pays, depuis les temps anciens jusqu'à nos jours*, 2 vols. (Paris: Baudrey et cie, 1891) を参照。

5 建築史学の方法に関する論文集、個別研究、雑誌論文については、巻末の「参考文献」を参照。

6 Mark Roskill, *What is Art History?* 2nd edn ([1976], London: Thames and Hudson, 1989) [邦訳 中森義宗訳『美術史とはなにか』日貿出版社、一九八七年].

7 W. Eugene Kleinbauer and Thomas P. Slavens, *Research Guide to the History of Western Art* (Chicago: American Library Association, 1982).

8 Laurie Schneider Adams, *The Methodologies of Art* (Boulder, Colo.: Westview Press, 1996).

9 Michael Podro, *The Critical Historians of Art* (New Haven & London: Yale University Press, 1982).

10 Otto Pächt, *Methodisches zur kunsthistorischen Praxis*, ed. Jorg Oberhaidacher, Arthur Rosenauer & Gertraut Schikola (Munich: Prestel, 1986); Engl. edn, *The Practice of Art History: Reflections on Method*, trans. David Britt (London: Harvey Miller, 1999) [邦訳 前川誠郎訳『美術への洞察——美術史研究の実践のために』岩波書店、一九八二年].

11 James S. Ackerman, 'Style', in *Distance Points: Essays in Theory and Renaissance Art and Culture* (Cambridge, Mass.: MIT Press, 1991),

rev. from 'A Theory of Style', *Journal of Aesthetics and Art Criticism* 20, no. 3 (1962): 227-37.

12 Ackerman, 'Style', 3.

13 Ackerman, 'Style', 3-4.

14 Ackerman, 'Style', 4. 芸術様式については多くの理論が提示されてきた。Beryl Lang, *The Concept of Style*, rev. edn ([1979], Ithaca & London: Cornell University Press, 1987); Caroline van Eck, James McAllister & Renée van de Vall (eds.), *The Question of Style in Philosophy and the Arts* (Cambridge: Cambridge University Press, 1995); Andrew Benjamin, *Style and Time* (Chicago: Northwestern University Press, 2006) 等を参照。

15 David Summers, 'Art History Reviewed II: Heinrich Wölfflin's "Kunstgeschichtliche Grundbegriffe", 1915', *Burlington Magazine* 151, no. 1276 (July 2009): 476-9を参照。

16 Peter Gay, *Style in History* (New York: Basic Books, 1974), 7［邦訳　鈴木利章訳『歴史の文体』ミネルヴァ書房、二〇〇〇年、六〜七頁］.

17 Ackerman, 'Style', 4.

18 Ackerman, 'Style', 4-5.

19 Émile Bayard, *L'Art de reconnaître les styles* (Paris: Librairie Garnier Frères, 1900).

20 François Benoit, *L'Architecture*, Manuels d'histoire de l'arte, 4 vols. (Paris: Laurens, 1911).

21 この問題については Mark Crinson & Claire Zimmerman (eds.), *Neo-avant-garde to Postmodern: Postwar Architecture in Britain and Beyond*, Yale Studies in British Art 21 (New Haven, Conn.: Yale University Press, 2010) を参照。

22 Ethan Matt Kavaler, 'Renaissance Gothic: Pictures of Geometry and Narratives of Ornament', *Art History* 29 (2006): 1-46. 二〇〇七年六月十二〜十六日にフランス国立美術史研究所で行われた会議では、「ルネサンス」と「ゴシック」の組み合わせに関して、'Le Gothique de la Renaissance' というタイトルの下に議論がなされた。

23 これに関しては、専門家のジョン・マッカーサーの助言を参考にした。Paul Walker & Stuart King, 'Style and Climate in Addison's

Brisbane Exhibition Building', *Fabrications* 17, no. 2（December 2007）: 22-43, esp. 23-8も参照。

24 Arnold Hauser, *Social History of Art*, 4 vols.（[1951-], London: Routledge & Kegan Paul, 1962）［邦訳　高橋義孝訳『芸術と文学の社会史』平凡社、一九六八年］; and *Philosophy of Art History*（London: Routledge; New York: Knopf, 1959）, esp. 'Wölfflin and Historicism', 119-39.

25 Charles Burroughs, *From Signs to Design: Environmental Process and Reform in Early Renaissance Rome*（Cambridge, Mass.: MIT Press, 1990）; Manfredo Tafuri, *Venezia e il rinascimento. Religione, scienza, architettura*（Turin: Einaudi, 1985）; Engl. edn, *Venice and the Renaissance*, trans. Jessica Levine（Cambridge, Mass.: MIT Press, 1995）- Tafuri, *Humanism, Technical Knowledge and Rhetoric: The Debate in Renaissance Venice*（Cambridge, Mass.: Harvard Graduate School of Design, 1986）; Deborah Howard, *Venice and the East: The Impact of the lslamic World on Venetian Architecture, 1100-1500*（New Haven, Conn.: Yale University Press, 2000）を参照。

26 Hessel Miedema, 'On Mannerism and *maniera*', *Simiolus: Netherlands Quarterly for the History of Art* 10, no. 1（1978-9）: 19-45. 同様の主題を扱い、エルンスト・ゴンブリッチが議長を務めた公開討論会 'Recent Concepts of Mannerism', in *Studies in Western Art: Acts of the Twentieth International Conference of the History of Art*, vol. II, *The Renaissance and Mannerism*, ed. Ida E. Rubin（Princeton, NJ: Princeton University Press, 1963）, 163-255、さらにCraig Hugh Smyth, John Shearman, Frederick Hartt, Wolfgang Lodz, Franklin W. Robinson & Stephen G. Nichols, Jr（eds.）, *The Meaning of Mannerism*（Hannover, NH: University Press of New England, 1972）, Craig Hugh Smyth, *Mannerism and Maniera*（Locust Valley, NY: J. J. Augustin, 1962）, John Shearman, *Mannerism*（Harmondsworth: Penguin, 1967）も参照。

27 Antonio di Tuccio Manetti, *The Life of Brunelleschi*, ed. Howard Saalman, trans. Catherine Enggass（University Park: Pennsylvania State University Press, 1970）［邦訳　浅井朋子訳『ブルネッレスキ伝』中央公論美術出版、一九八九年］.

28 フォションは『形の生命』において、世紀という時代区分が世紀そのものを伝記的性格にしてしまうと述べている。

29 Terrence Riley & Barry Bergdoll（eds.）, *Mies in Berlin*（New York: Museum of Modern Art, 2001）; Phyllis Lambert（ed.）, *Mies in America*（New York: Harry S. Abrams, 2001）.

30　Marco De Michelis, *Heinrich Tessenow, 1876-1950* (Milan: Electa, 1993); Claude Laurens, *Architecture. Projets et réalisations de 1934 à 1971*, ed. Johan Lagae, Vlees en Beton 53-4 (Ghent: Vakgroep Architectuur en Stedenbouw, Universiteit Gent, 2001).

31　ニュージーランドから見た複雑な状況を扱った近年の書に、Justine Clark & Paul Walker, *Looking for The Local: Architecture and the New Zealand Modern* (Wellington: Victoria University Press, 2000) がある。クラークとウォーカーによれば、ニュージーランドの建築家は受容と創造の間で仕事をするのであり、地域という考えは反地域との関係において検討されることになる。

32　Thomas DaCosta Kaufmann, *Toward a Geography of Art* (Chicago: University of Chicago Press, 2004) を参照。

33　G. E. Kidder Smith, *Switzerland Builds : Its Native and Modern Architecture* (London: Architectural Press ; New York & Stockholm: Albert Bonnier, 1950), 21. ギーディオンによる序論 'Switzerland or the Forming of an Idea', 11-17も参照。

34　Jul Bachmann & Stanislaus von Moos, *New Directions in Swiss Architecture* (London: Studio Vista, 1969), 11.

35　Eberhard Hempel, *Baroque Art and Architecture in Central Europe: Germany, Austria, Switzerland, Hungary, Czechoslovakia, Poland. Painting and Sculpture: Seventeenth and Eighteenth Centuries; Architecture: Sixteenth to Eighteenth Centuries*, trans. Elizabeth Hempel & Marguerite Kay (Harmondsworth: Pelican, 1965).

36　Antoine Quatremère de Quincy, 'Type', trans. in Samir Younés, *The True, the Fictive, and the Real: The Historical Dictionary of Architecture of Quatremère de Quincy* (London: Andreas Papadakis, 1999), 254-5. ユネスの版はQuatremère de Quincy, *Dictionnaire historique d'architecture comprenant dans son plan les notions historiques, descriptives, archéologiques, biographiques, théoriques, didactiques et pratiques de cet art*, 2 vols. (Paris: A. Le Clère, 1832) からの抄訳となっている。

37　Marc-Antoine Laugier, *Essai sur l'architecture* (Paris: Chez Duchesne, 1753)［邦訳　三宅理一訳『建築試論』中央公論美術出版、一九八六年］.

38　Anthony Vidler, 'The Third Typology'［1977］, in *Architecture Theory since 1968*, ed. K. Michael Hays (Cambridge, Mass.: MIT Press, 1998), 288-93.

39　Vidler, 'The Third Typology', 290.

40 教会建築史における歴史および歴史記述を考察した例として、Maarten Delbeke, ‘Architecture and the Genres of History Writing in Ecclesiastical Historiography’, in *Limits disciplinaires. Repenser les limites. L’Architecture a travers l’espace, le temps et les disciplines* (2005)、www.inha.fr/colloques/document.php?id=1800（二〇〇九年十月十五日アクセス）も参照。

41 Daniel Sherer, ‘Typology and its Vicissitudes: Observations on a Critical Category’, *Précis* 33 (1997): 41-6. Pier Vittorio Aureli, ‘The Difficult Whole: Typology and the Singularity of the Urban Event in Aldo Rossi’s Early Theoretical Work, 1953-1964’, *Log* 9 (Winter-Spring 2007): 39-61. 建築設計、建築史学における建築類型学の重要性については、Giulio Carlo Argan ‘Sul concetto di tipologia architettonica’ (1962), published as ‘On the Typology of Architecture’, trans. Joseph Rykwert, in *Theorizing a New Agenda for Architecture: An Anthology of Architectural Theory, 1965-1995*, ed. Kate Nesbitt (New York: Princeton Architectural Press, 1996), 242-6 を参照。

42 Nikolaus Pevsner, *A History of Building Types* (London: Thames and Hudson, 1976), 9 [邦訳　越野武訳『建築タイプの歴史』全二巻、中央公論美術出版、二〇一五年].

43 Pevsner, *A History of Building Types*, ‘Foreword’.

44 Carroll L. V. Meeks, *The Railroad Station: An Architectural History* (New Haven, Conn.: Yale University Press, 1956); Johan Friedrich Geist, *Passagen, ein Bautyp des 19 Jahrhunderts* (Munich: Prestel, 1969); Engl. edn, *Arcades: The History of a Building Type*, trans. Jane O. Newman (Cambridge, Mass.: MIT Press, 1983). ガイストの著作の評判は近年、同じ主題を扱ったヴァルター・ベンヤミンの業績への注目によって影を薄めつつある。*Das Passagen-Werk*, ed. Rolf Tiedemenn (Frankfurt am Main: Suhrkamp Verlag, 1983); Engl. edn, *The Arcades Project*, trans. Howard Eiland & Kevin McLaughlin (Cambridge, Mass.: Belknap Press, 1999).『パサージュ論』はベンヤミンの死後に有名になった。

45 Pevsner, *A History of Building Types*, ‘Foreword’.

46 Pevsner, *A History of Building Types*, 289.

47 Michael Webb, *Architecture in Britain Today* (Feltham: Country Life, 1969).

48　Igea Troiani, 'Deserved Exposure: Stuart McIntosh's Architecture, 1953-63', *Fabrications* 16, no. 2 (December 2006), 28-43.

49　Wouter Davidts, *Bouwen voor de Kunst? Museumarchitectuur van Centre Pompidou tot Tate Modern* (Ghent: A&S Books, 2006).

50　これに匹敵する業績として思い当たるのがAnnemarie Adams, *Medicine by Design: The Architect and the Modern Hospital, 1893-1943* (Minneapolis: University of Minnesota Press, 2008); Joseph Connors, *Borromini and the Roman Oratory: Style and Society* (Cambridge, Mass.: MIT Press; New York: Architecturai History Foundation, 1980) である。Paul Rabinow, *French Modern: Norms and Forms of the Social Environment* (Cambridge, Mass.: MIT Press, 1989) も重要な業績である（ポール・ウォーカーの御教示による）。

51　Reyner Banham, 'A Black Box: The Secret Profession of Architecture' [1990], in *A Critic Writes: Essays by Reyner Banham*, selected by Mary Banham, Paul Barker, Sutherland Lyall & Cedric Price (Berkeley & Los Angeles: University of California Press, 1996), 292-9.

52　Ronald Lewcock, '"Generative Concepts" in Vernacular Architecture', in *Vernacular Architecture in the Twenty-First Century*, ed. Lindsay Asquith & Marcel Vellinga (London and New York: Routledge, 2006), 199-214を参照。

53　Sigfried Giedion, *Space, Time, and Architecture: The Growth of a New Tradition* (Cambridge, Mass.: Harvard University Press, 1941)［邦訳　太田實訳『新版　空間・時間・建築』丸善、二〇〇九年］.

54　Sigfried Giedion, *The Eternal Present: A Contribution on Constancy and Change*, 2 vols. (New York: Pantheon, 1962)［邦訳　江上波夫、木村重信訳『永遠の現在――美術の起源』東京大学出版会、一九六八年］.

55　Christian Norberg-Schulz, *Intentions in Architecture* (Cambridge, Mass.: MIT Press, 1965); *Existence, Space, and Architecture* (London: Studio Vista, 1971)［邦訳　加藤邦男訳『実存・空間・建築』鹿島出版会、一九七三年］; *Meaning in Western Architecture* (New York: Praeger, 1975)［邦訳　前川道郎訳『西洋の建築――空間と意味の歴史』本の友社、一九九八年］. Jorge Otero-Pailos, 'Photo [historio] graphy: Christian Norberg-Schulz's Demotion of Textual History', *JSAH* 66, no. 2 (June 2007): 220-41.

56　John Macarthur & Antony Moulis, 'Movement and Figurality: The Circulation Diagram and the History of the Architectural Plan', in *Celebration: 22nd Annual Conference of the Society of Architectural Historians, Australia and New Zealand*, ed. Andrew Leach & Gill Matthewson (Napier, NZ: SAHANZ, 2005), 231.

57 Macarthur & Moulis, 'Movement and Figurality', 231.

58 *Opera varie di architettura, prospettive, grotteschi, antichità*, reproduced in *Giovanni Battista Piranesi: The Complete Etchings*, vol. I, ed. John Wilton Ely (San Francisco: Alan Wofsy Fine Arts, 1994), 82に収録。

59 Colin Rowe, 'The Mathematics of the Ideal Villa', *Architectural Review* (March 1947): 101-4 ; Rowe, *The Mathematics of the Ideal Villa and Other Essays* (Cambridge, Mass.: MIT Press, 1982), 1-28［邦訳　伊東豊雄、松永安光訳『マニエリスムと近代建築──コーリン・ロウ建築論選集』彰国社、一九八一年］.

60 Manfredo Tafuri, *Progetto e utopia. Architettura e sviluppo capitalistico* (Bari: Laterza, 1973); Engl. edn, *Architecture and Utopia: Design and Capitalist Development*, trans. Barbara Luigi la Penta (Cambridge, Mass,: MIT Press, 1976)［邦訳　藤井博巳、峰尾雅彦訳『建築神話の崩壊──資本主義社会の発展と計画の思想』彰国社、一九八一年］.

61 タフーリの全著作リストはAndrew Leach, *Manfredo Tafuri: Choosing History* (Ghent: A&S Books, 2007), 287-322を参照。

62 ジャン・ルイ・コーエンによる建築の歴史政治学についての論考を参照。'Field Note', 'Scholarship or Politics? Architectural History and the Risks of Autonomy', *JSAH* 67, no. 3 (September 2008): 325-9.

63 William J. Mitchell, *City of Bits: Space, Place, and the Infobahn* (Cambridge, Mass.: MIT Press, 1995), 8［邦訳　掛井秀一、仲隆介、田島則行、本江正茂訳『シティ・オブ・ビット──情報革命は都市・建築をどうかえるか』彰国社、一九九六年］.

64 Jean-François Lyotard, *Moralités postmodernes* (Paris: Éditions Galilée, 1993); Engl. edn, *Postmodern Fables*, trans. Georges van den Abbeele (Minneapolis: University of Minnesota Press, 1997); Douglas Coupland, *Microserfs* (New York: HarperCollins, 1995).

65 Beatriz Colomina (ed.), *Sexuality and Space* (New York: Princeton Architectural Press, 1992) ; Diana Agrest, Patricia Conway & Leslie Kanes Weisman (eds.), *The Sex of Architecture* (New York: Harry N. Abrams, 1996); Joel Sanders (ed.), *Stud: Architectures of Masculinity* (New York: Princeton Architectural Press, 1996).

第三章　根拠

ごく単純に言えば、建築史が語るのは歴史的に捉えられた建築である。ただ、さらに拡大解釈して、建築史を、人工物、環境、歴史的な問題にちなんだ建築の歴史と言うこともできるだろう。その内容は、これまで建築とは考えられてこなかったものを含むのかもしれない。だが、その場合、歴史を成立させるのは「建築」だろうか。それとも、「外部の要素」だろうか。その前に、「建築」がそもそも時代に左右されない一貫した概念なのかを問わねばならない。したがって、次のように問い直すことができよう。その定義がつねに揺れ動くものだとして、建築とはどういうものだったのか。建築はどのように形づくられてきたのか、あるいは、どのように事後的に定義され用いられてきたのか。なぜ「建築」という括りや用語には、建造物よりも、あるいは、都市やランドスケープや芸術作品よりも、創造的で文化的で技術的な活動のニュアンスがあるのか。以上は、あきらかに理論的であるとともに歴史的な問いでもあり、建築の学識のみならず、その歴史に関する問いでもある。しかし、以上の問いが建築に対してなされ、その過去が問われるかぎり、答えは建築史家が根拠とするものに、そして、そうした根拠を決定づける方法的な前提にある。後者については前章でいくらか検討したので、ここでは、根拠として用いられるものが学問的な特徴とどのように関係するのかに注目してみたい。建築史家が根拠を問題にするとしても、建築史家が扱うことのできる問題は建築史学が拠って立つさまざまな理論の上にしかない。意識しようとしまいと、歴史家はそうした理論の上に、根拠を見定める。こうしたなか、建築史家が根拠とするのが、建物、空間、遺構、都市、インフラストラクチャーである。加えて、設計全般に関する記録、依頼状や契約書類、数量明細や、施主や行政当局とのやりとり、水彩画、版画、テレビや広告に用いられた素材といった「竣工後の」作品に関する記録などもあるだろう。さらには、関係者へのインタビュー、同僚、友人、親族間の手紙、新聞雑誌、その他一過性の遺物など、形ある記録の類から無形のレベルまで、ありとあらゆるものが根拠になりうる。

今日、建築史家が持ち出す根拠の幅は、現存する歴史的建造物から、今にも消えてしまいそうな痕跡まで、ほぼ無制限といってよいだろう。ただ、この状況が以前からずっとそうであったわけではない。根拠となるものの幅が広がったのは、ようやく二十世紀終盤のことだ。この頃、建築のあり方そのものが大きく揺れ動いた。建築史研究の主題が建物であろうと、歴史的課題であろうと、作家であろうと、つねに主題は建築や建築家という概念に対して定められる。そうした概念を歴史研究は吟味検討していく。研究、学識、概念の間にこうした終わりのないやりとりが続くかぎり、今も昔も建築という概念が固定されることはない。建築史が読者に伝えうるのは、過去について知られていること、知りうること、である。そこが根拠として問われる部分である。

建築史の博士論文を書こうとする学生に、現存する建物がほとんどなく、関係資料や「紙上の」建築もなく、当時の建築雑誌にもほとんど取り上げられていないような建築家の研究を勧める指導教員はまずいないだろう。こうした取り組みが、予想に反して高い成果を生むことがないとは言えないが、A・S・バイアットの『伝記作家の物語』(1)に出てくるフィネアス・G・ナンソンの災難[※1]を思えば、やはりリスクの高い賭けである。むろん、歴史家がこうした賭けに臨んで敗れてきた、と言いたいのではない。実際、研究をより魅力的な、やりがいのあるものにするケースだってある。近年、建築史家たちは他分野から数多くの方法を借用することで、それまでの建築史や歴史学であれば根拠不足として却下されてきた内容を展開させている。代表的な例が、ポストコロニアルの建築史学、性およびジェンダーが再編した新しい歴史であるが、これらが突き崩そうと奮闘してきた相手こそ、二十世紀前半に近代世界に広まり、なお存続している画一的で男性的で西洋的な視線や考え方であった(2)。しかし、建築史の方法が定番のものであっても最新のアプローチであっても、基本は同じである。すなわち、建築史家には、研究対象とする材料とその所在に関して学識と洞察力が問われる。持ち出される根拠の深さが、歴史家のなす業績の深さに通じる。

つまるところ、建築史で語られる内容が建築であり、その内容を示す物体、現象、概念の痕跡が、建築史に用いられる根拠である。歴史研究の主題たる建築は、建築史の概念的かつ技術的な内容と、世界に残されている痕跡にまたがって存在する。この建築史が意味する範囲は、歴史家が付き従う概念や認識や根拠の内容次第で、広くも狭くもなる。しかしながら、根拠として提示されるものは歴史家の意向を踏まえたものであるから、それ自

※1　主人公のナンソンは大学院生で、あまり知られていない伝記作家デストリィ＝スコールズに関する研究をするが、その作業に随分苦労する。そこから物語が展開。

体が建築史家による（現代まで含む）歴史的建築の主題の捉え方とも言えるだろう。

方法、問題設定、前提要件といったアプローチにかかわる問題は建築史の特徴を大きく左右するが、その際、建築史家が研究材料に課した制約に注目すると、建築史が扱う内容や、究極的には歴史家がたどり着く結論さえも見えてくる。あるデザインの決定プロセスを捉える歴史が、ある公共的な場の重要性を捉える歴史と同じ根拠を用いることはない。これらは別種の問いであり、その「答え」はそれぞれ別な材料、もっと言えば、別な分析手法から導かれる。建築史の形式や内容、その手法や論拠は、こうした弁証法的なつながりを見せる。一方が他方を検証し、また、その逆が行われる。ある資料が役に立つかどうかは、資料に求められる問いによって決まる。また、その問いが適切かどうかは、研究主題に関して知られていること、知りうること、によって決まる。

以上のことは、法廷になぞらえられる。「根拠《エビデンス》」と言えば、法廷という場、「証拠《プルーフ》」をめぐる質疑が思い浮かぶ。そこでは、分析に基づいた判定、すなわち、原因、それが導く結果、妥当性が問われる。ときに建築史家は、弁護士のごとく、あらんかぎりの根拠を示し、「証拠《プルーフ》」に基づいて、過去の出来事、下された決定、その後の展開、周辺関係等を再現し再構築する。巧みな表現や論理展開も駆使する。そうかと思えば、ときに建築史家は判事のごとく、歴史的事例や問題に関して、素材や周辺事情から導かれるさまざまな情報の重みづけに気を使う。歴史家が導く結論の強さは、彼らが正当なものとして提出した根拠の強さと重みによって決まる。以上は建築史全般に言えることで、建築史家は、必要に迫られて、弁護士と判事、両方の役目を担う。歴史は過去を再現するのみだが、そのなかで歴史家たちは遠い昔についてなんとか確かなことを言おうとしているわけだ。新たな根拠が出てきたり、新たなものの見方、分析手法が出てきたりすると、それまで根拠とされてきたものの重みづけが変わってくる。この事実は建築史に限ったことではないが、建築史を読み書きするなかに、建築が歴史研究の主題となることでもたらされるさまざまな根拠の問題があるだろう。

根拠と建築史

建築史の主題が建物や記念碑であれば、それがどのように依頼され、デザインされ、実現されたかについて調べるのだろう。場合によっては、そのデザインが、着想から完成に至る計画の途中でどのように変化したのか、さらに、変化した理由も明らかにできるだろう。われわれは、建築史の主題を、かつて構想され実現したものとすることもできるし、時代とともにそれがどのように変化したか、あるいは変化しなかったのか、とすることもできる。条件次第ではあるが、特定の作品が建築史に語られるべきか否かを決定づけるような根拠もあるだろう。その作品は規範的なものか。それとも周縁的なものか。あるいは、特定の根拠によって、建築史家の用いるアプローチ、手段、分析、議論や結論が左右されることがあるのか、といった問いもあるだろう。こうした問いに対しては、歴史的な問題と分析をつなぐ役割を果たしている根拠が重要になる。建築史家が根拠をどのように捉えているかを見れば、彼らの「作品」がどのように着想され、研究され、記録され、表現されているのかがわかる。ここで言う「作品」は、建築史研究であり、その媒体でもある。『建築史学会誌（JSAH）』のマルチメディア版が巻き起こした近年の議論を踏まえれば、論証の形、分析の手法次第で、書籍や印刷物とは違う刊行のあり方があってもよさそうである。(3) 表明の仕方はともかく、歴史的な根拠の捉え方ひとつで、研究がどのような歴史をめざしたのかが伝わるのであり、ばらばらで脈絡の無い過去の情報がどのようにして歴史的な物語になったのかが理解できる。

過去に起こった事を知るだけでは、それ自体にあまり意味はなく、せいぜいフェルナン・ブローデル[※2]が「全体史」と呼んだ知の総体を若干膨らませる程度だろう。(4) 建築分野で言えば、太古から残る建物、記念物、街並は、そうした人工物がどのようにつくられたのかを探る材料であり、そこにわれわれは再現、検証可能な仮説や事実を読みとる。建築を依頼した者、建設を取り仕切った者、建物の見栄えや材料を決定した者、建物に住んだ者、あるいは、その近くにいた者。建物そのものから建物に附随する過去をどの程度引き出すことができるかは、手がかりとなる記録や痕跡、それが示す信頼性が鍵を握る。

簡単に言えば、建築史研究において、どの時代にも、どの問題に対しても証拠になるようなものは、結局、立脚点が定まらず、合意を得ることもできない。資料には、「何が」、「どのように」、「どこで」、「だれが」、「いつ」といった疑問を解決してくれるものがあるが、「なぜ」という疑問だけは、それ以上の推論や分析を要する。この事実は、非常に狭い意味での建築史、すなわち、建物および人工環境の歴史、また、そうした研究で建築史家が用いる基本的な材料には、たしかにあてはまっているように思われる。

ここで、根拠にまつわる問題を、建築史の伝統的記述法でもある、建物の歴史、建築家の歴史(生涯の全作品)との関係で検討してみよう。前に少しだけ触れたように、建物の詳細研究の情報源には、絵画、エッチング、レリーフ、写真、雑誌・専門誌の批評、世間のイメージや文学、さらには、デザインの素描、入札公告、実施図面、動線計画、現場での変更指示図、予備的研究、管理日誌、落書き、あるいは、建築家と施主とのやりとり、施主と融資者とのやりとり、建築家と個別専門業者、同僚、友人、家族とのやりとり、建築家、施主、自治体、行政間のやりとり等がある。歴史家は、これらの情報を総合し、建物やデザイン、建設、竣工後に関して多くの知見を得る。

また、ある建物が建築家の全作品においてどういう位置づけにあるのかを理解するには、当該作品の前後の流れや内容、それらの影響の度合い(強弱)——見た目に明らかなものから、間接的で思いがけないものまで——、建築家が参照した各種情報、建築家の実施への想いを、知性、美学、社会、技術の各方面から検討し、さらに、そうした情報が記録なのか、推論なのかについても考慮しなければならない。場合によっては、雑誌、電話帳や企業名簿、入札要請、各種書簡や口頭伝承に関する研究が、建築家の知性や職業に関する貴重な情報源となったり、作品の前後関係を明らかにしたりすることがある。こうした情報の多くはあらゆる歴史分野に資するもので、建築史は、そうした二次的で重要度が低いと思われるような材料についても広く門戸を開いている。

以上二つの例とそれが提起する問題を見るかぎり、建築に付随する研究範囲は大きく広がり、社会や文化の動向、流通や通商、政治や宗教的事件を包含する場であり、知の体系であり、他の歴史研究分野に有効な類例や参考例でもある。研究範囲の拡張に伴って、建築史家がこれまでに抱えてきた問題や課題に対する根拠のあり方、また、その位置づけが再検討され、結果的に、取り組まれる課題や扱われる資料は、建築史学の新しい方針や方法

※2　フェルナン・ブローデル(Fernand Braudel 一九〇二〜八五)はフランスの歴史家。博士論文に基づく著書『地中海』において「全体史」を提唱。その後も、歴史学に刺激を与え続け、アナール学派の発展にも寄与した。

に応じて変化していく。

建築史が広く柔軟に捉えられるようになったことで、根拠となる対象範囲も拡大した。近年の建築史学はさまざまなメディアや情報源を活用するとともに、その動向に注目してもいる。根拠が「厳密に」規定されなかったのは、幅広い展開を見せた二十世紀歴史学の影響によるところが大きく、（とくに一九六〇年代末以降）建築は、実践、文化、言説、と幅広く捉えられるようになった。いまや、その主題を写真の中に求める建築史だってありうる。カラー・スライドや観光地の絵ハガキが、建築史の学問的議論の的にもなる。こうした資料は、建物そのものを対象とする歴史にとって、根拠になることもあれば、そうでないこともあるからだ。文化、社会、知の各側面から建築文化に迫る現代の歴史研究は、もはや（建物や中心街やモニュメントといった）建築だけを最終目標にしてはいない。

だからといって、近代以降に発展してきた建築史学の役割が終わった、ということにはならない。前世紀に建築史家が用いた根拠が、もはや現代の建築史学に役に立たないということでもない。建物の着想や建設をめぐる問題、その設計者をめぐる問題は、これまでとちがうアプローチで取り組まれることはあっても、いまだに主流であり続けている。かつて、歴史家は規範となる程度の高い建物だけを相手にしていればよかった。二十世紀になって、研究者の目は、ドローイングや、**ブルクハルト**が（十九世紀の）文化研究に使えるとした他の記録にも向けられるようになった。これがきっかけとなり、建築史研究とその根拠をめぐって、かなり柔軟なアプローチが出てくるようになったのである。

根拠の種別

建築の過去を説明する際、建築史は、建築という用語が持つ当代のニュアンスに沿って、建築の歴史的な定義を更新し用いざるをえない。歴史的に見て、今日の建築的学識から「建築」と呼びうるのはどういうものだろうか。さらに、過去の人々は（われわれが現在そう呼んでいる）建築をどのように呼んでいたのか。これについては、建築史家が記述してきた材料が、第一の問いに対する答えになりそうである。また、建築史家の記述の仕方が、第二の問いに対する手がかりになりそうである。したがって、「建築とはなにか」、そして、「建築とはなんだったのか」という問いは、さまざまな場面で建築史家に持ち出される。こうした問いかけは歴史家の分析や評価において発せられるから、研究材料についても同じことが問えるのだろう。歴史と根拠の関連で言えば、まず、ある建物が「どのように」、「いつ」できあがったのか、が問われ、さらに、「どのような」（作品の質とその重要性）、「どうして」（その性格の根拠、作家の意図、外観や技術を左右する前提条件）、「だれ」（作家の思惑、社会、文化、政治、経済、宗教の状況を反映した作品の関連情報）が問われる。多少の差はあるにせよ、こうした問いは、抽象的なレベルでは、サハラ以南のアフリカのプレハブ住宅にも、イギリスの領主館にも有効である。しかし、建築史に関して「どのような」が問われると、たちまちさまざまな伝統、美的基準、理論的内容に照らして建築の定義が問題になる。この問題をめぐって多くの議論がなされたが、一九二〇年時に建築と捉えられていた内容は、一九六〇年には大幅に、二十世紀末にはすっかり様変わりしてしまった。いまや、ある建物を物語のプロローグにするか、エピローグにするか、まったく登場させないか、は建築史家のさじ加減ひとつだ。「どのように」あるいは「いつ」といった問いについても、一九六〇年、一九七〇年、一九八〇年には考えられなかったような記録や主題が持ち出されている。

こうした状況を踏まえると、歴史に用いられる根拠は、学問的な課題や意義に関して、論証、文脈、概念の三つに分けて考えられそうである。むろん、この三種の区別はさほど厳密ではなく、互いに重なり合うところもある。まず、論証に用いられる根拠は、物事の顛末、その過程に関わった人々など、あらゆる主題において事実を明らかにしてくれるものである。人物に絡んだ問題になると、研究主題をもっと大きな周辺状況の中に位置づけ検討する、いわば文脈を説明する根拠も必要になる。時期、経緯、場所、関係する人物——いつ、どこで、だれ——を示す手がかりを見ながら、歴史家は、自身の研究主題を他の主題、究極的には、あらゆる既往研究と見比べ相対的な意味づけを行うだろう。第三のカテゴリー、概念にまつわる根拠は、研究主題の質を問題にするようなものである。ある文書や建物や印刷物がどういう性格のものかいちいち仕分けるのは困難であり、望むべきことでもない。それでも、建築史が学問的な質を有するかぎり、これまで取り上げられてこなかった周縁的な主題が学術的にいかに重要なのかについて、(たとえ言わずもがなであったとしても)なんらかの見解を示さなければならないし、喧々諤々議論されてきた建築史のあり方との関連を説明する必要もあるだろう。歴史学の課題や新たな展開を意識し、根拠のあり方を追求していった結果、論証や文脈とは別に、概念にまつわる問題が問われるようになってきたのである。

根拠と建築史家の実践

以上のことを具体的な例に見てみよう。建築物、設計および建設関連の資料、建築的表象に取り組む歴史家たちは、対象となる内容が構想、決定、修正のどの段階であっても、既存の課題に切り込むために、歴史学をはじめ他分野の分析手法を幅広く取り入れてきた。たとえば、測量や工学分野で用いられる精密な計測技術が、建物や考古学調査に導入された。それによって、円柱の高さや直径の関係を左右する寸法といった、何世紀も前の研究主題に再び光が当てられる。

近年マシュー・A・コーエンが『建築史学会誌（JSAH）』に載せた論文は、サン・ロレンツォ聖堂の聖具室（フィレンツェ、一四二〇～二九）に関する最新の調査報告であった。この聖具室は、**フィリッポ・ブルネレスキ**がフィレンツェ建築にもたらしたルネサンス初期の規範的作品とされている。[5] コーエンはこの建物に「厳密な観察」を行い、各部や全体の比例体系に関する新しい知見を導いた。彼は実測した図面、図解を提示し、調査で明らかになった事実から、建物の設計者に関して検討を重ねる。そして、サン・ロレンツォ聖堂の設計に、ブルネレスキの前任だった修道士、マッテオ・ディ・バルトロメオ・ドルフィーニの関与を指摘した。コーエンの分析によって、サン・ロレンツォ聖堂は、新しい時代のはじまりを告げる建物であるとともに、十五世紀にまで存続する十四世紀的な構成や建設を示す実例、すなわち、ルネサンスにまで深く影響を与える中世の伝統としても位置づけられることになった。この建物が、ある意味で、中世の作品に位置づけられるとしたら、ルネサンスというカテゴリーや時代区分はどこへ行ってしまうのだろうか。コーエンの結論によれば、こうした問いこそ「歴史を根拠づける建築比例の批判的考察」には重要であるという。「このように建築史研究にさまざまなレベルの検証を向けることで、建築比例だけでなく、その他多くの建築理論や実践にも新しい知見をもたらす可能性があるだろう。[6]」

円柱の間隔や寸法を測量しても、それだけで、中世後期の建物なのか、ルネサンス初期なのかが、「自ずと」区別されるわけではない。そもそも十九世紀の半ばに、(当時で言う)文化史にルネサンスという名称が持ち出されるまで、十五世紀の建物に対してそのような名称はなかった。コーエンの研究は、実証研究によって過去を捉えるという「旧来の」手法に、まだまだ検討の余地があることを示す好例である。歴史家は、建物の構想、設計、建設に関する既知の情報を踏まえて、新しい情報を意味づけ、比例関係を再検証する。こうした研究が、建築史におけるさまざまな区分についてもう一度考えなおすきっかけを与えてくれる。前節で検討した根拠の例で言えば、以上は、建物の再計測が論証上の根拠であり、その作業は背景となる周辺の事情を踏まえ、その概念的な意義を十分に理解した上で試みられている。

コーエンの論文は、既定の論拠を丁寧に再検討すること(彼の場合は、再計測)で、ある時代区分がいかに揺さぶられるか、を示す例であった。続いて、**ピラネージ**の作品に関する問題を見てみよう。ピラネージの版画作品『ローマの景観』(一七四八年より刊行)は、どのように、どういう順序で制作されたのか、また、いつ、どのように修正が加えられたのか。この問題に関してロベルタ・バッタリアは、ピラネージ研究論集『蛇と鉄筆』に、ピラネージの創作の痕跡である銅版と印刷物の再検証を報告している。[7] 彼女の報告は新たな作品の発見に伴う年代特定作業の典型例であり、新出の作品は、これまでのピラネージの作品や描画技法に関する専門知識に照らして年代特定され、一連の作品の中に位置づけられる。

ピラネージは、「景観」に日付を書き込んでおらず、さらに、版画に対して何度も手を入れている。したがって、版画の当初の構成がどうであったか、その後の修正において、細部がどのように描き足され、強調され、削除されたか、といった詳細な研究が必要になるわけだ。具体的には、版画の異刷りの比較検討、現存する銅板上の退化・暗化部の分析、印刷された線の明瞭度、ある対象物に施されたインクの比重分析、また、販売や流通、初期の版画のコレクションに関する検討が進められる。論考においてバッタリアは、ローマのヴァティカン教皇図書館に所蔵されていた種々雑多な印刷物の中に、これまで知られていなかった「景観」を発見し、それを分析する。彼女はこのなかの十四枚の「景観」について詳細に検討し、日付が特定されている既知のコレクションとの比較を行った。「ヴァティカンで発見された「景観」は、これまでに知られていない最初期の版である点で非常に興味深いものである。ピラネージの創作過程、さまざまな段階で、絶え間なく異常なほどに加えられた修正作業の時期を知る貴重な情報となる(8)」。これによって、狭い意味では年代特定という問題の解決になるほか、もっと大きな疑問、すなわち、ピラネージがどのようにデザインしたのか、どのように世界を見たのか、どのように建築家である自身の可能性を見たのか、といった研究の手がかりにもなる。こうした問いは、「景観」だけでなく、他の版画シリーズ、膨大な作品群にも関係するが、印刷されたその数は、制作段階、出版、再版、転売のすべてを合わせると、世界中に数千枚は存在する。

ブルネレスキとピラネージ、両者は現代の建築史学において不動の重要人物であり、その重要性は変わることがない。同様に、根拠や研究遂行にまつわる問題もどちらかと言えば伝統的なものだった。コーエンもバッタリ

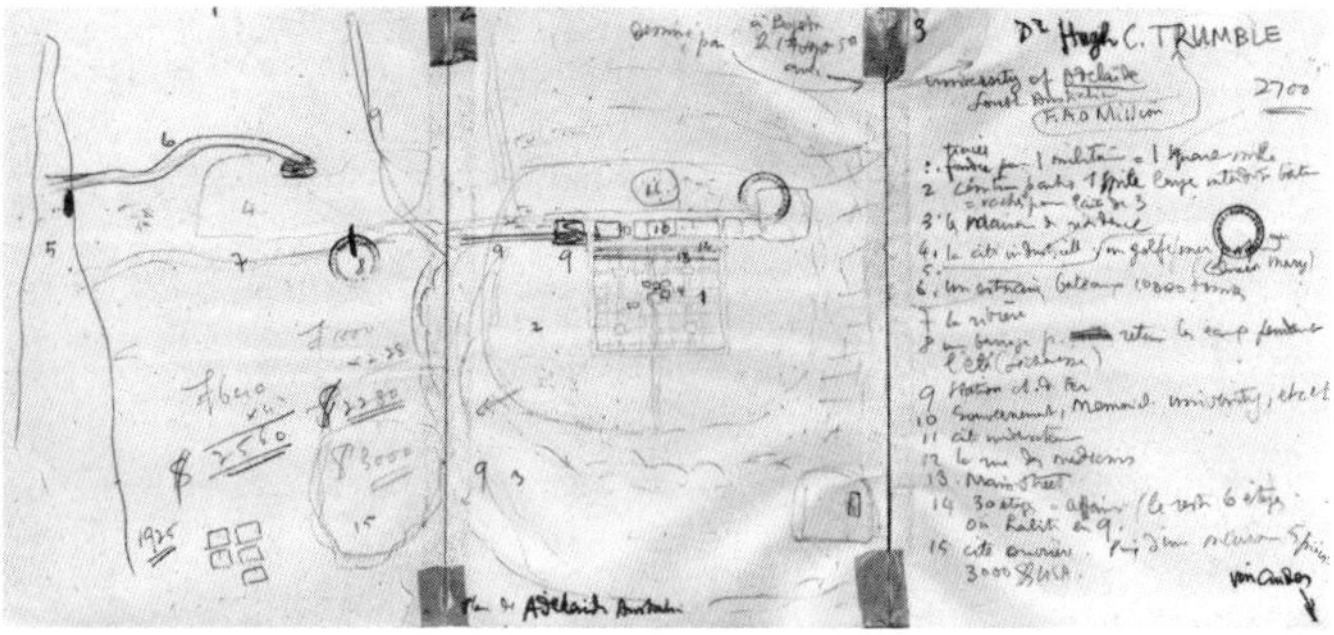

図14　アデレード、南オーストラリア州、ヒュー・C・トランブルの協力を得てル・コルビュジエが描いたもの、ボゴタ、コロンビア、1950年

アも、作品を測量し比較し、年代や来歴を特定したのであった。続く第三の例は、同じような問題ではあるが、これまでの例が確たる疑問や力強い結論を展開したのに比べると、やや取り扱いの難しい史料になろう。

話題は二十世紀に飛ぶが、同様に重要な主題だ。アントニー・モーリスは、パリのル・コルビュジエ財団で見つけた新史料を根拠に、パンジャブの都チャンディガール計画の来歴について、これまでとは異なる新見解を発表した(9)。モーリスは、コロンビアのボゴタで、ル・コルビュジエとオーストラリア人農学者ヒュー・C・トランブルが出会ったこと、さらに、トランブルが故郷の南オーストラリア州の州都、アデレードの基本計画と構想について記述していることに着目した。アデレードは、一八三六年にコロネル・ウィリアム・ライトによって設計された都市である。ル・コルビュジエは、このトランブルの意見を聞きながら、アデレードのドローイング（一九五〇年九月十九日の日付が入っている）を描いたというのだ。

このドローイングが示すのは、二人の男がある時同じ場所にいた、という比較的凡庸な事実ではあるが、歴史学的には二つの点で意味があるとモーリスは主張する。ひとつは、都市構想に関すること。ル・コルビュジエが描いたアデレードのドローイングは、世界中に拡大しつつあるモダニズムの計画的視点によって、歴史都市の未来がどのように捉えられ理想化されたかを示す。「ル・コルビュジエが描いた「アデレード」（彼自身の理想を反映したもの）は、都市計画に対する建築家のイデオロギーを如実に示す例であり、近代建築国際会議（CIAM）[※3]が掲げた理想を図案化したもののように思われる。実際、こうしたイデオロギーがかなり明瞭な形になるのは、まさにアデレードを「描き直す」作業がきっかけである」[(10)]。第二の重要性は、論証、概念に関することである。アデレードの計画は、ル・コルビュジエがチャンディガールの全体計画を依頼されるわずか数日前に描かれたものである。また、チャンディガール計画が図案化される七ヶ月前のことであった。二つの都市を比較すると、ル・コルビュジエのアデレードとチャンディガールには多くの共通点が確認される。ダイアグラムに共通点がうかがえるほか、全体の概形、各要素の配置、公園や緑地の位置、周辺地形との対応も似ている[(11)]。ある意味、両者ともに記録である。かたや実在の都市の改編を示したドローイング、かたや都市という実在の記録で、そこには全く新しい首都の構想、手段、さまざまな仕掛けの跡を追うことができる。

こうした証拠が意味するところをモーリスは問う。ル・コルビュジエによるアデレードのドローイングが、たとえ彼の好奇心に動かされたものであっても、ボゴダでトランブルと会って制作されたとしても、それだけでチャンディガールのデザイン分析や解釈に使えるとは言えない、このようにモーリスは述べる。ここでは、二つ

※3　正式名称はCongrès International d'Architecture Moderne。近代建築運動の推進者たちが一堂に会し、建築や都市の問題を討議した会合。第一回が一九二八年にスイスのラ・サラで行われ、その後一九五〇年代まで不定期に開催された。

の記録が類似していること、その制作時期が近いことが、パンジャブ州都の来歴につながる決め手だった。

サン・ロレンツォ聖堂の設計者、「景観」の制作順序、ル・コルビュジエによるチャンディガール計画の来歴に見てきたように、根拠次第で、研究主題の定説が見直されることがある。コーエン、バッタリア、モーリスは、研究材料の定説をあえて疑い、旧来の主題に新たな根拠を持ち込んだ。現在、建築史研究でなされるこの種の挑戦によって、新たな知見が提出され、歴史的な知のパラメーターが揺さぶられる。そうした業績には、カルロ・ギンズブルグ※4が一九七九年の論考「徴候」――歴史学における根拠の質や展開を論じた古典的業績[12]――で指摘した内容を見てとることができるだろう。

医療診断をするにあたって医師は、一般に知られる典型的な症状と、特定の患者に特有の症状を突き合わせなければならない。歴史学であるかぎり、建築における歴史的課題が、あらゆる場面に同じような根拠となることはまずない。したがって、ひとつの歴史的課題に持ち出された根拠は、その有効性や重要性において、別な課題のために用意された根拠とは異なる。こうした状況から、歴史家は、長年積み上げた知識と直感をもとに、医師が診断をするかのごとき能力を発揮しなければならない。歴史家が、ある場面の特異性と共通性のすり合わせをしなければならないとき、経験が物を言うのだろう。建築史家は、自身が取り組む歴史的課題の中に事物がどのように存在したのかを問い、知識や経験に従い、確たる事実から最終的な目標へ論理展開したり、（状況や条件次第では）中間的仮説を提示したりする。比較的確実に言えることから次の段階へと移る中間段階については、解釈が物を言う領域となろう。ギンズブルグが一九九一年に著した『裁判官と歴史家』の考察を引用するなら、「歴史家には、裁判官が「証拠不十分」とするような問題をも取り上げる資格がある[13]」。

史的根拠としての建築

先述した三つの事例には、設計プロセスとその背景、作品の制作年代や作者の特定、建築家の影響関係や参照源といった建築史学で取り組まれる中心的課題に、根拠がどのように作用するのかが見てとれる。建築史家は、建築を閉じた世界とし、問題や動機がその世界だけで完結するかのように描くことができる。と同時に、建築は、建築的問題にほとんど関心がない世界に存在してもいる。この点からすれば、あらゆる建築作品は、建築とは無縁の歴史的課題、知の歴史、社会史、居住史、文化史、制度史、軍事史、宗教史、科学史、政治史、国家や地域の歴史などの手がかりにもなりうる。美術史、技術や建設の歴史、都市史は、建築史が建築の主題に迫るのとほぼ同じ手続きをとるから、言わずもがなである。

たとえば、神人同形説、(神のイメージに似せてつくられる)理想的な人体寸法への信奉は、十五世紀イタリアで、キリスト教世界による古代建築の再評価とともに強まり、十六世紀、十七世紀に衰退した。(当時の)建築家、(現在の)建築史家が取り組む問題はたしかに建築・芸術の範疇にあるわけだが、この時代の建築作品は、宗教改革という観点から見ると、キリスト教教会を襲った宗教、文化、政治的な危機、それにまつわる思想の推移を知る手

※4　カルロ・ギンズブルグ(Carlo Ginzburg　一九三九〜　)はイタリアの歴史家。小さな兆候を基に大きな社会・文化現象を見通そうとするミクロ・ヒストリーの先駆者とされる。

がかりになる。

同様に、フランス北西部パ・ド・カレ地方にあるテルアンヌという町が、どのように計画され、配置され、建設されたかに関する記録は、シャルル五世の軍事的な戦略、技術、技法を研究する歴史家にとっても重要だろう。シャルル五世の軍隊はその地を破壊し、その地を再生不能とすべく農地に塩を撒くことで既存の痕跡を消した。この出来事は、必ずしも建築史家が扱う分野ではないけれど、その町や都市に関する知識、その町が破壊され消えゆく過程は、歴史学の主題を豊かにし、建築史に新風を吹き込むきっかけにもなる(14)。

文化や技法を専門とする歴史家であれば、十九世紀ニュージーランドのマオリ族の建物を、文化や技法の変化、(一八四〇年以降の)イギリスによる植民政策の影響を示す指標として捉えるかもしれない。具体的には、十九世紀、二十世紀の建物の形態や配置の変化、防塁技術の進展、イギリスやヨーロッパの建物がマオリ族の建物に与えた影響、建物の技法をペイントやネイルとの関連で捉える分析などがあるだろう。こうした建築の史的展開が、マオリ族の社会、文化、宗教、芸術に関する歴史にも影響する(15)。

われわれが建築と呼んでいる多種多様な作品のほか、建物は、法やテクノロジーや趣味や慣習やしきたりにも影響される。ゆえに、それらはその出自となる大きな歴史的状況を知る手がかりとなり、類似の歴史分野にも重要な資料となる。しかし、ある歴史研究のために集められた手がかりに建築の情報があったとしても、歴史家が必ずしもそれを使えるとはかぎらない。歴史学の専門分化が進む状況において、かつて建築の専門教育を受けた建築史家であれば、設計から、竣工、居住までのプロセスを見ることで、建築作品が他の歴史学の問題とどの部分で関係するのかに見当を付けられるかもしれない。それでも、経済史の専門家が建物に問う内容は、建築史家

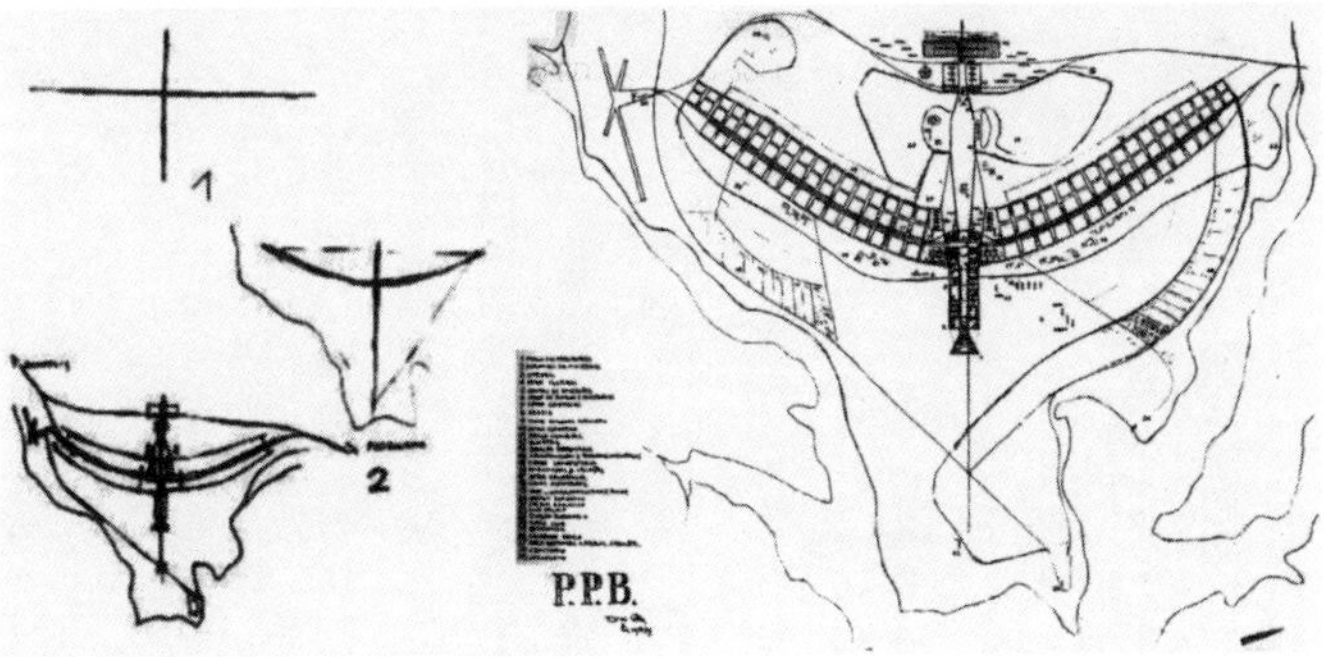

図15　ルシオ・コスタ、オスカー・ニーマイヤーによるブラジリア計画、1956～60年

の問いとは随分異なるのだろう。ここには、専門性とその制約という未解決の問題がある。たとえば、ある歴史が建築に関係するかどうかの決め手は何か。アンドリュー・バランタインによれば、「建物は、それが集まって都市を形づくるときに、人間が生み出す最大級の構築物となる」。そうであればこそ、建築家や建築史家だけでなく、多くの人たちにとって重要かつ興味深い対象となる。ただ、建築史家にとってはまだ問題が残る。「ある対象を建築史に記そうとする際、その判断の根拠は何か。また、歴史に取り上げようと決めた建物について語ることが何を意味するのか[16]」。

この問題を掘り下げるべく、最後の例を取り上げよう。二〇〇七年の展覧会「計画のトワイライト」（メンドリージオ建築アカデミー）は、建築家・都市計画家のジョーゼプ・アチェビッロ、建築史家のマリステッラ・カッシャート、スタニスラス・フォン・モースが企画し、二つの現代の計画都市、チャンディガール（ル・コルビュジエ、ピエール・ジャンヌレ他、一九五一年以降）とブラジリア（ルシオ・コスタ、オスカー・ニーマイヤー、一九五六～六〇）を、それぞれ史料として取り上げた[17]。図録に載せられた論文「チャブラの格子」へ」で、フォン・モースは展覧会の意図と企画内容について述べている。とりわけ、歴史的な建築主題の「内側」と「外側」のバランスの取り方に注意が向けられている。

展示された写真には、これらの都市に対する賞賛と批判の両面が見て取れる。チャンディガールはやや「外れる」にしても、いずれも政府庁舎が中心であり、その周囲に広大な（「大洋のごとき」）広場、交通動線が強調する進歩的な雰囲気（それぞれの国で、両都市のインフラストラクチャーはもっとも高い交通密度を達成した）がある。社会保障制度の充実を示すかのような集合住宅には、入念な計画と規格化された図式が共存する。もちろん、彼らが計画し実現した建物と、その後数十年のうちに、住みこなされ、改装された部分には乖離が見られる。また、貧困や加速するグローバリゼーションが、「デカルト的」空間にもたらした破綻や亀裂もたしかに認められる。[18]

こうした歴史学の問題に向き合いながら、「計画のトワイライト」展は二つの計画都市に関する当初の状況を記録した写真を紹介した後、一転して写真家エンリコ・カーノによって撮影された近年の状況（二〇〇六年）へ向かう。すなわち、都市の構想と実現のプロセスだけでなく、近代的な生活の場である都市の歴史にも焦点を当てた。写真には、厳格なモダニストが不快に思うような部分もあるが、それが建築を含めた現実の姿であり、建築（や建築史）の専門領域を超えて、都市や建物を、社会、家族、文化が息づく場として理解させてくれる。

歴史の内側と外側

建築作品が建築以外の関心で歴史研究に参照されるとき、その作品は、建築史研究であれば建物の分析に重要な情報を内在させた記録ということになる。建物、ドローイング、写真、都市街区には、その内側に複雑な力関係や思惑が取り込まれている。たとえば、ある団地計画は、住宅経済史から見れば一つの実例であり、ある住宅政策の中で実践された結果に過ぎない。しかし、建築史家は、その団地自体に深い洞察を向け、住宅の建設やデザインが用途や機能にどのように配慮しているのかを捉えようとするだろう。要するに、政策を実施し建築によって変化をもたらす人、プロジェクト全体において個々の住宅を調整する（別な）人、（さらにまた別な人かもしれないが、）需要を踏まえつつ住宅の間取りを決める人もいる。こうしたそれぞれの問題に関して、建築史家は、専門性の垣根を超えて手がかりを求めるのである。

ある建物が建築の領域をはるかに超えた問題に役立つのであれば、広範な歴史学の問題に建築史家の知見を組み入れることで、建物は建築的問題に縛られない、もっと発展的な情報源になる。中世の建築や建築家に関する歴史研究において、ニコル・コールドストリームは次のように書いている。「建物が完成すると、それは一個体の歴史を歩むことになる。しかし同時に、大いなる歴史、建物の成立を含むはるかに大きな物語の一部にもなるだろう」[19]。建物に関する「建築の」専門知識が「大いなる歴史」の理解にどの程度重要な意味を持つかによって、建築史家の専門的取り組みがそこから派生する歴史的問題の解決にどの程度貢献するかも決まってくるのである。

註

1 A. S. Byatt, *The Biographer's Tale* (New York: Vintage, 2001).

2 こうした研究に関する重要なデータベースとして、一九九九年以降にルートリッジ社より刊行されている「アーキテクスト」シリーズがある。ポストコロニアルの建築史や理論も含まれる。

3 Karen Beckman, Sarah Williams-Goldhagen, George Dodds, Judi Loach, Nancy Levinson, Judith Rodenbeck 'On the Line: A Forum of Editors' *JSAH* 68, no. 2 (June 2009): 148-57を参照。

4 Peter Burke, *The French Historical Revolution: The Annales School 1929-89* (Stanford, Calif.: Stanford University Press, 1990), 42を参照。

5 Matthew A. Cohen, 'How Much Brunelleschi? A Late Medieval Proportional System in the Basilica of San Lorenzo', *JSAH* 67, no. 1 (March 2008) : 18-57.

6 Cohen, 'How Much Brunelleschi?' 44-5.

7 Roberta Battaglia, 'A First Collection of the *Vedute di Roma*: Some New Elements on the States', in *The Serpent and the Stylus: Essays on G. B. Piranesi*, ed. Mario Bevilacqua, Heather Hyde Minor & Fabio Barry (Ann Arbor: University of Michigan Press for the American Academy in Rome, 2005), 93-119.

8 Battaglia, 'A First Collection of the *Vedute di Roma*', 99.

9 Antony Moulis, 'Transcribing the Contemporary City: Le Corbusier, Adelaide and Chandigarh', *From Panorama to Paradise: Proceedings of the 24th Annual Conference of the Society of Architectural Historians, Australia and New Zealand*. ed. Stephen Loo & Katharine Bartsch (Adelaide: SAHANZ, 2007), cd-rom.

10 Moulis, 'Transcribing the Contemporary City', 7-8.

11 Moulis, 'Transcribing the Contemporary City', 8-9.

12 Ginzburg, 'Spie'; Engl. edn, 'Morelli, Freud and Sherlock Holmes'. 第1章註11も参照

13 Carlo Ginzburg, *The Judge and the Historian: Marginal Notes on a Late-Twentieth-Century Miscarriage of Justice*, trans. Anthony Shugaar（［1991］, London and New York: Verso, 1999）, 17.

14 Pieter Martins, 'La destruction de Thérouanne et d'Hesdin par Charles Quint en 1553', in *La forteresse à l'épreuve du temps. Destruction, dissolution, dénaturation, XIe-XXe siècle*, ed. Gilles Blieck, Philippe Contamine, Christian Corvisier & Nicolas Faucherre（Paris: Comitédes travaux historiques et scientifiques, 2007）, 63-117.

15 Deidre Brown, *Maori Architecture: From Fale to Wharenui and Beyond*（Auckland: Raupo, 2009）を参照。

16 Andrew Ballantyne, 'Architecture as Evidence', in *Rethinking Architectural Historiography*, ed. Dana Arnold, Elvan Altan Ergut & Belgin Turan Özkaya（London and New York: Routledge, 2006）, 38.

17 Maristella Casciato & Stanislaus von Moos（eds.）, *Twilight of the Plan: Chandigarh and Brasília*（Mendrisio: Mendrisio Academy Press, 2007）.

18 Stanislaus von Moos, 'Vers une' "Grille ChaBra": Notes on the Exhibition', in *Twilight of the Plan*, ed. Casciato & von Moos, 39-40.

19 Nicole Coldstream, 'The Architect, History and Architectural History', *Transactions of the Royal Historical Society* 13（2003）, 220.

第四章　どのように役立つのか

建築家にとって過去は、規範、刺激、着想の源であり、そこからさまざまな芸術作品や活動が生まれた。十五世紀のフィレンツェやローマで、古代ローマが建築の理想的な形態や型として再評価されたことは、過去の再認識が現在に重要な意味を持つ代表例である。こうした考えの先に、いわゆる歴史認識の出現がある。そして、こうした歴史性の自覚が近代の建築文化の基礎を形づくる。バウハウスのように、歴史的規範や伝統に逆らうような建築運動でさえ、そこから抜け出そうとする選択自体に歴史性の自覚があった(1)。建築家は過去に倣うだけでなく、歴史的な基準に逆らうことで、自らの作品、現代的な建築のあり方を定めもした。何世紀にもわたって、建築は歴史的建築とつながりを持ってきたが、それは過去を参照するだけではなかった。たとえば、**フォション**は『形の生命』(一九三四年)のなかで歴史的形態が繰り返し用いられることを指摘し、**ロウ**は『理想的ヴィラの数学』(一九四七年)のなかで、「比例」に基づいて、モダニズムとルネサンスとの関係を検証した。**ゼーヴィ**は『建築家ミケランジェロ』(一九六四年)のなかで、戦後のモダニストにとってマニエリスムに潜む精神性がいかに重要であるかを指摘した。**タフーリ**は『建築のテオリア』（一九六八年）のなかで、過去から引き出される指針の数々、それらを見定める建築史家の危うさについて論じている。(2)

十八世紀以降、建築史は文化史の一部として研究されるようになったが、その目的には、現在の建築家の実務に役立つ情報提供という側面もあった。建築家にとって、建築史の知識は、論争や発展の糧となる伝統的な知であり、好奇心をくすぐるような実例集でもあった。多くの作家が図解入りの建築史書を出すようになった。十九世紀中期には、**カトルメール・ド・カンシー**の『建築史辞典』（一八三二年）、**ジョセフ・グウィルト**の『建築辞典』（一八四二年）が出された他、ピクチャレスク効果や点景建築を「百科事典的」に持ち込んだ庭園の例としては、パリ近郊のレス、ハガおよびドロットニングホルムのスウェーデン王グスタフ三世の庭園、あるいは、アンドレアス・シェンルの『庭園の支配者』（二〇〇七年）で描かれるようなロシアの景観などが挙げられよう。(3) 十九世紀半ばから後半にかけては、建物の設計に建築史がどのように活かせるかについて盛んに折衷主義の議論がなされた。(4) 様式や装飾の意味や作法を厳格な体系として受け入れる者もいれば、曖昧なものと捉える者もいた。いずれにしても、建築家には制作の見本として役立った。見本帳に示される型は、ある程度意味する内容が決まっていたが、時代性や場所性に縛られることはなかった。

以上の流れには、建築設計に役立つ建築史と、歴史家が取り扱う厳密な建築史が乖離していく傾向が見て取れるのであり、その差は二十世紀に決定的なものになった。とはいえ、建築家たちが設計に資する規範、着想、戦略、刺激、インスピレーションを歴史の中に見出していく傾向をまったく無視することはできない。建築史に対するこうした思惑が、歴史的に重要とされる建築作品や、その表現、後代の再評価を左右したからである。それだけでなく、建築学校における建築史教育のあり方や、建築の将来に対していかに歴史が有用であるかという問題にも大きく影響したのである。

同時代の歴史と過去の歴史

建築史の読者はどういう人たちだろうか。なぜ建築史を読むのだろうか。イタリア人思想家ベネデット・クローチェ[※1]は、一九一二～一三年の論考「歴史と年代記」において、過去に対する歴史操作を、同時代的な歴史(あるいは「真の」歴史)、過去の歴史(あるいは年代記)、文献学(あるいは学識)の三つに分けて論じている。[(5)] 同時代的な歴史は、現在と共鳴する物語で、過去から前方に手を伸ばし今の世界とのつながりを求める。この歴史は過去に教訓を求め、その実践を目指す。今の状況はこれまでと大差がないとし、今の世界を過去と同様に捉える歴史である。**ブルクハルト**は歴史について、「時代を超えて意味を持つような記録[(6)]」と言ったが、この主張にも通じる。

現在にとって過去は、教師にも反面教師にもなる。過去は、進むべき道の手がかり、あるいは、時代を超えて響く賢者の声でもある。この同時代的な歴史が、あらゆる文化的な実践――芸術、宗教、政治――における歴史主義であり、歴史はこれまでに起こった出来事の集積以上の存在として捉えられる。これがクローチェにとって、

※1　ベネデット・クローチェ（Benedetto Croce　一八六六～一九五二）はイタリアの哲学者、歴史家。十九世紀末の実証主義に対し、実践的な哲学（生の哲学）を目指した。『歴史叙述の理論と歴史』、『思考としての歴史と行動としての歴史』等。

もっとも価値のある歴史という意味で、「真の」歴史とされる。クローチェによれば、こうした歴史が人間の「精神性」の深みに迫り、その根幹に現在を結びつける。クローチェの意味で建築史が同時代的だとすれば、建築の同時代性や現実性が捉えられていることになる。

一方、過去の歴史は、今日の生活や、（クローチェの言う）人間の精神の在処とは切り離される。L・P・ハートリーが「よその国」と呼ぶ歴史である。(7) クローチェの「真の」歴史が現在に目的の主眼を置くなら、「年代記」は現代的な関心とはまったく無縁である。クローチェによれば、「歴史は生きた年代記であり、年代記は死んだ歴史である。歴史は同時代的な歴史であり、年代記は過去の歴史である。歴史は主に思想に基づく行為であり、年代記は意志に基づく行為である。歴史が思想を欠き、具体的で表現力に満ちた言葉が抽象的な記録になったとき、それは年代記である(8)」。

このように歴史が過去と区別されるのは、時間ではなく「精神的な」距離の近さによるところが大きく、文字通り人間の精神に関係する問題なのだ。つまり、たとえ近い時代の歴史であっても、ある場所の現在にほとんど関係がないのであれば、年代記ということになる。クローチェは、年代記のことを、忘れ去られた時と場所を扱う高尚な歴史、あるいは、古代の遺跡のごとく、過ぎ去った時代や過去の崇高な感覚をもたらす記念物のようなものだとも言う。ただ、現在にとっては、なんの「教訓」にもならない。

歴史に関するクローチェの見解は、いまのわれわれにとっては異質に思えるかもしれないが、歴史家と同時代の読者との関係において、建築史執筆のあり方をうまく整理している。半世紀後に書かれたE・H・カー※2の『歴史とはなにか』（一九六一年）には、同じことを言うために、「基本的」事実と「歴史的」事実という言葉が持ち出された。[9]こうした区別は、建築と建築史に関して言えば、たとえば中世の専門家が同じ中世の専門家を相手にする際に問題になることではない。建築史の専門性からして、同時代の歴史は、建築家や、建築の学生や、建物を通じて世の中を変えようとしている人たちの関心を集めるものだろう。ある建築概念が時代を超えて意味を持つことは、こうした読者にこそ重要であり、それがあってはじめて、歴史は建築家に意味のある存在であり続ける。問題の抽象化も歴史が今の実践に意味を持つためには必要であり、その際、何かを生み出すためであれば多少の誤解や時代誤認は許容される。現在に資する教訓は、現在の目を通して見た過去、現在の価値を反映した過去の上に築かれている。

いくつか例を見てみよう。たとえば、アッシリアの古代建造物、西ヨーロッパの中世建築、オーストラリア先住民の建物や住居は、今日の建築実践にどのように関係するだろうか。背景や場所が違っても、基本的なレベルにおいては何がしかの関連を指摘することはできるだろう。一方で、メスのセント・ステファン大聖堂（一二二〇年以降）、ニネヴェの建造物に対し、もはや過去の死んだ存在であるという言い方もできるだろう。過去の技巧を伝える建物として学者には興味深い対象なのだろうが、近現代建築との直接的なつながりはほとんどなく、共通点もほとんど見出せないからである。

以上についてはさまざまに議論ができるのだろうが、おおむね次の点をおさえておきたい。すなわち、建築史

※2　エドワード・ハレット・カー（Edward Hallett Carr　一八九二〜一九八二）はイギリスの歴史家、政治学者。著書『歴史とは何か』では、歴史を現在と過去になされる対話として捉えた。

が過去を記録しようとする際、この過去の建築は、現在に意味を持つ問題というより、（クローチェによれば）意志の問題として、研究対象になる。主題というのは、本質的に「現代の」、あるいは、「過去の」ものではない。歴史的に捉えられる過去が、現在の重要性をまとう時――アボリジニの建築が文化的な見直しの中で再び脚光を浴びたり、ジャマイカのラスタファリ運動[※3]の建築が伝統的な建築とともに意味を認められたりする場合――、「死んだ歴史」の主題は、「生ける年代記」へと変わる。[(10)]カーの言い方に倣えば、「過去に関するたんなる事実が、歴史的事実へと変貌する」[(11)]。こうした実例は、クローチェが一世紀前に書いたメカニズムが示すとおりであり、十九世紀にヨーロッパ各国が中世を「再発見」し理想化した事実もそうであった。こうした過去の同時代化は、十八世紀であれば、ギリシアを「発見」し、その建築の重要性を啓蒙主義文化において主張した人たちにも見て取れる。歴史上の実例や主題が大いにもてはやされる際は、およそこうした過程を経るものだ。さて、こうした事例については、二つの問いを投げかけることができるだろう。過去は現在とどのように関係するのか。そして、なぜ現在は過去に目を向けるのか。

同時代性と建築史

こうした問いを検討するには、やはり建築史の読者の問題に戻らなければならない。一般的に言えば、建築史の読者層は建築史研究者、もっと拡大させれば、建築家や建築の学生たち、いわゆる建築文化を共有する人たちになろう。歴史を主題にする展覧会は、この読者層を、建築の専門を超えて、文化や遺産に強い関心を持つ人たちにまで広げる。したがって、新しい研究書や論文が、同時代的な知に応じなければならないとすると、二つの方向性がありうる。たとえば、ある研究書が特定の歴史的課題において学術的な貢献をするとする。読者は、本に記される発見や革新的な分析に鑑みて、学術的な重要性を認めるだろう。一方で、その研究は、ある時代の歴史、ある人物に関する知識、扱っている主題を超えるような問題やテーマに対しても、大きな重要性を持つことがあるだろう。こうした例からすれば、歴史家は、建築の専門家にとって過去と思われるような歴史に、同時代性を見ているのかもしれない。あるいは、大学や博物館で働く者であれば、研究テーマと現代の建築実践との関連を、建築の専門家がすぐに飛びつかないようなところに見出すのかもしれない。

以上は、あきらかに、学問のみならず、学問や職業へ取り組む姿勢に関係した問題になる。建築史が重要な役割を果たすかどうかは、歴史家によって検討される細々とした内容が、同時代の学識だけでなく、同時代的な問題に対しても意味を持つかどうかにかかっている。研究書や論文や展覧会企画で扱われる建築史の専門知識が、建築家の職業実践に役立つこともあるだろう。同時に、もっと広く人間の文化の理解を促し、現代の文化や社会に広く問いかけることもありうる。

建築学校で行われる建築史教育は、こうした問題を考える際の制度的な背景として重要である。その際にどうしても思い出されるのが、文化意識の高い建築家のために、建築史家がさまざまな歴史的な実例や概念や問題を用い講義をするセミナーの類だ。もちろん、過去とつねに関わって仕事をし、建築史の事例や主題がどのように

※3　一九三〇年代、ジャマイカの労働者および農民階級が中心となって起こしたアフリカ回帰主義運動。

今日の実践に関連するのかを理解できる建築家もいる。これは、一面では、教育の基本である抽象化と応用力の問題であり、また一面では、知識が長い時間をかけて総合化され、活性化される長大なプロセスの一部なのかもしれない。建築史家が講義する内容が、研究の現場や図書館や資料館で発揮される活動や関心とは別物というケースもあるだろう(12)。たしかに、建築学校、歴史的建造物協会、博物館、美術史学科に所属する建築史家の仕事の多くは、通常、カーが言うところの「過去の事実」であり、クローチェが「死んだ歴史」として片付けたものである。そうした仕事のなかに、クローチェやカーの言う「真の歴史」や「歴史的事実」になり、建築家に「同時代の歴史」として注目されるような原石が潜んでいる。この原石の有無が今日性を決定づける。それは本来的に備わっているとも言いうるし、建築家たちが主題、方法、手段に見出す、あるいは建築史家が見極める、と言うこともできるだろう。

「真の」歴史を検討するにあたって、クローチェが述べた第三の歴史学、「文献学」あるいは学識をひとつの中和的存在として捉えることもできる。これまでの流れで言えば、学識の歴史は、人間が記したこと自体を重視するだけで、現在とのつながりも、語り方も問題としない学問である。なんとなく、肘にパッチがあてられたツイード服の学者が、埃をかぶった蔵書にうもれ、机や棚にうず高く積まれた本や書類に囲まれて作業する姿が思い浮かぶかもしれないが、それでは事の本質を見逃してしまう。文献学者の記録、その目的で記されたものは、――「文献学《フィロロジー》」という用語は、「言葉《ロギア》を愛する《フィロ》」というギリシア語に由来する――語られた歴史の素材であり、その寄せ集めでもある。

学識と同様、「真の」歴史も、専門的な知識に依存し、建築史学においては、建物、モニュメント、その他の建築作品を、作品の外側にある史料、蔵書、その他の情報と一致させることを基本とする。このような作業をする人が、カーの言う死んだ事実に磨きをかけようとすることは当然ありうる。すなわち、年代記の見直し、史料序列の検討、取り扱う出来事の詳細検討である。

たとえば、十二世紀の塔状建築の構造原理に関する歴史研究が、もっと長期にわたる技術創意の歴史、中世の建築装飾術、建物の構想や実現に関わった人々の役割に、何らかの知見をもたらすことはあるだろう。史料保存の意義はさておくとして、二十一世紀に関係がないとして見逃されてしまうような発見が、大々的に知られることがあるかもしれない。「歴史の構成要素」として受け入れられるのだから、必ずしも教訓の体をなさないけれども、同時代的な建築史の起爆剤にはなる。こうして、学識の歴史が「真の」歴史を補助する役目を果たすとき、クローチェの言葉をできるかぎり使うなら、学識の歴史に知の情報提供をするのが文献学ということになる。すなわち、この基礎的研究が歴史学の第一歩として、証拠となるもの、人間が書き記したものの分析、選別、それらに関する既往見解とのすり合わせ、突き合わせを行う。取り扱うのは全体というより個々の断片であり、近年の歴史家の認識に従えば、混沌とした全体を構成する一部とも言えよう。

近づくこと、離れること

ここまでクローチェの歴史哲学を長々と見てきたのは、歴史の「精神的な」質を問題としたクローチェの思考が引き金となって、二十世紀の第三四半期に建築史と建築実務が密接に関係づけられるようになったからにほかならない。とりわけ第二次世界大戦後に、建築史家たちは、過去の素材を際立たせ、歴史を現在に共鳴するように記述(認識)するようになった。これが建築史学の全分野にあてはまらないとしても——実際そうでなかったわけだが——、戦後の建築史家は、歴史から引き出されたモデルを現代の建築や建築家に向けて提示し、現在の問題に近い事例を過去に求め、それを教訓として記述する傾向を強めていった。

したがって当然、建築家は、建築史家が想定する読者として大きな存在になる。すでに指摘したとおり、多くの建築史家が当初は建築家になるための教育を受けているから、建築史を企画執筆することを、一種の建築的実践と捉える。歴史的街区や建物の保存や修復や改修にたずさわる建築家であれば、建築の実務と歴史研究の違いなどあってないようなものだ。こうした状況からすると、たしかに、建築史の読者が建築の専門家であることは、一層自明の事実に思えてくる。となると、この事実が建築史学のあり方を左右するように思われるが、実際はそこまではいっていないようだ。後で簡単に見るように、この問題が二十世紀後半を通じてかなり議論されたのだが、その内容は双方の根本的な部分、つまり、建築史が第一に建築家に向けて書かれるべきかどうかを問うものだった。この問題に対する建築史家のスタンスは、歴史的な知という形で表現されるとはいえ、現代建築に対して歴史家がどの程度責務を感じているのか次第なのだろう。

こうして、建築史は有用性と実行性の問題を抱えたままであるが、それは、他の歴史分野も同じである。政治史、軍事史、経済史、宗教史、環境史には、行動する読者、すなわち、政治家、戦術家、経済学者、神学者、環境保護論者に向けて、「教訓」探しをしなければならない場面が多々あるだろう。各分野の歴史家は、過去と現在を比較し、抽象化されたレベルで類似性を認め、過去の事例に新たな意義を与えるかもしれない。ただし、こうした抽象化は、他の歴史家が根拠に乏しいと思うような場合でも、現代の行動に道を示したいと思うがあまり、歴史をねじ曲げてしまうことがある。建築において歴史の有用性を強調した戦後の議論には、こうした危うい可能性をはらむものがあった。

建築史における建築

図16　ブルーノ・ゼーヴィによるフランク・ロイド・ライトの作品分析、『近代建築史』（1950）より

以上に論じてきた内容を、ブルーノ・ゼーヴィを例に掘り下げてみよう。ゼーヴィは建築史学の有用性を熱心に支持し主張した建築史家である。建築の執筆に取り組むゼーヴィの熱心な姿勢、歴史上の人物――ミケランジェロ、**ボッロミーニ**、**フランク・ロイド・ライト**が有名――を「英雄」として語る熱い気持ちに共感する建築史家は多い。ただ、こうしたゼーヴィの姿勢に若い建築史家たちが疑問を感じるようになったのは、ヘンリー・A・ミロンの批

判がきっかけであろう。[13] ミロンは後にアメリカの建築史学界の重要人物になるのだが、一九六〇年に、彼はまだ博士課程の学生であった。ミロンが問題にしたのは、ゼーヴィ自身が編集する雑誌『建築』(一九五七年九月)の一論考である。ここでゼーヴィは、建築史はどのように役立つのか、歴史家は建築家に役立つように歴史を記述すべきかといった問題に関して、建築史学の本分はその応用にあるとして実用性を強く訴えた。この問題の背後には、建築史が想定する読者の問題がある。建築史は、建築史の専門家に向けて書くものなのか。もっと広く、人文科学分野の研究者や学生に向けて書くべきなのだろうか。あるいは、建築家に向けて書くのだろうか。ミロンは次のように記す。

なぜ人は建築史を教え、そして、それはどのように「役立つ」のだろうか。教師は学生に何を伝えようとするのか。歴史は質の高い建築家を育てる手段なのだろうか。歴史とは、いわば情報というカプセル剤であり、ときに学生の偏見を取り除く下剤、ときに学生のデザインに力を与えるビタミン剤のようなものではないだろうか。歴史的な知と建築的な質の向上に直接の関係はあるのだろうか。

いや、建築家だろうがビジネスマンだろうが関係なく、歴史とは、ある個人の成長に役立つものではないだろうか。人間あるいは創造について、学生が大なり小なり何かを学ぶ研究分野なのではなかろうか。価値ある業績に対しては敬意、見かけ倒しの業績に対しては疑念を示す、こうした区別ができるようになることではなかろうか。[14]

このミロンの見解は、ゼーヴィが『建築』誌上に発表した建築教育論への応答でもある。ゼーヴィの主張は、歴史教育が建築教育の「背骨」となり、建築教育の各専門分野がすべて建築史という上位の枠組みに従属するというものであった。そこでは、構造、デザイン、建築法規といった教育が、建築史の下位に位置づけられる。建築学校では、全員が各専門分野の批評家、歴史家となり、その分野に資する歴史的な学識を展開する。こうして、建築史は有用な存在となる。なぜなら、建築の学生は、時間のなかに自身の立ち位置を捉えることができ、さらに、価値ある前例や類例を知ることができるからである。ミロンは次の一節を引く。「多くの教師が……芸術から技術まで実に多様な角度から、ひとつの主題を教える。近代性を打ち立てようとする人間の取り組みに役立つような歴史的建築を教えるのである(15)」。

現在のわれわれからすると、ゼーヴィの主張は独特で素朴なものに思われる。たしかに、その後の建築教育は、建築史教育をまったく必要としないまではいかなくとも、ゼーヴィの理想からはずいぶんかけ離れてしまった。とはいえ、ミロンが指摘したのは、まさにゼーヴィの教育体系の素朴さにほかならない。ゼーヴィの考えは、概念的なレベルでは明快であり、戦後世界に広く支持された。つまり、歴史には現在に資する多くのことがあり、模範例（彼はこれを批判した）に倣ったり、歴史を役に立たない過去として葬り去ったりするだけではないのだ。ゼーヴィの姿勢は二十世紀前半の近代建築の傾向に逆らうもので、そうした時代の傾向は歴史を日陰に追いやっただけでなく、一九五〇年代までに、エコール・デ・ボザールやボザールの伝統を汲むアメリカの建築学校にも強い影響を及ぼすようになっていた。同時に、ゼーヴィはドイツ流の「冷たい」歴史学にも反対した。細部に執着するがあまり、学生や若い建築家を惹きつけるような質がないがしろにされることに疑問を持ったからである。

ゼーヴィは、ヴェネツィア建築大学で建築史学部長を務めたとき、将来の建築家に建築史が有用であることを証明するために、「教育実験」をおこなった。一九六四年には、ミケランジェロの生涯と作品に関する歴史研究課題を振り返り、建築の学生が建築史や、その方法に触れる意義は、建築史学以上の広がりを持つと記している。(16) 建築の学生が建築史研究に取り組むことで必ず何らかの生産性を持つわけだが、その主眼は歴史学よりも、建築の実践に向けられた。ゼーヴィの学生たちにとって、ミケランジェロは、芸術や社会をいかに牽引し、建築の伝統の下にいかに新たな創造を行うか、といった取り組みの参考となる存在であった。ミケランジェロは、文化の危機的状況で教養ある建築家がなすべきことを知る材料であった。ゼーヴィは第二次世界大戦をローマ劫略に重ね、文化的規範の揺らぎ、建築および芸術的伝統の揺らぎを捉えようとしたのである。

ゼーヴィは、デザインには倫理性が備わると信じていた。良きデザインは、家族、共同体、都市、国家に好ましい効果をもたらし、悪しきデザインは悪影響をもたらす。その意味では、現代建築やデザインの課題が、建築史研究が取り組むべき課題になる。結果、建築史家は、自分たちの時代にもっともふさわしい時代や人物を研究するようになった。ゼーヴィとミロンは、建築史研究が文化や社会の健全化に資するべき、という点では一致している。ただ、ミロンの考え方が一般性に配慮するのに対し、ゼーヴィの姿勢には、建築の実践や教育における差し迫った要求が強く出ている。ゼーヴィの主張は力強く、要求する内容も実に明確だ。

今日の建築史家は、一九五七年のゼーヴィほどではないにしても、学生に対する建築史教育が充実するのであれば、けっして悪い気持ちはしないだろう。ただ、建築を学ぶことは、建築史を学ぶことと同じではない。これを踏まえて、ミロンは次のような見解で論を締めくくっている。「学生にとって本当に不都合なのは、歴史家が、たとえば、アール・ヌーヴォー※4やスペース・フレーム※5といった専門用語の現代的意義を得ようとするが余り、肝心な説明を省いたり、逆に不必要な説明を加えたりすることである。本来の意味とは違う、あるいは、過ぎた説明は、賢明な学生の理解を阻害することがある。しかるべき研究者による誠実で気持ちの入った説明の方が、学生にはむしろ有益だろう(17)」。

淡白さ、冗長さ、掛け値なしの物言いとは？

ミロンとゼーヴィの間でなされた議論は、ここまでに論じてきた問題のひとつのエピソードに過ぎないわけだが、それぞれの主張を踏まえると、過去の知識が建築の実践にどう役立つのか、という大きな問題に対する見解の相違として理解できる。近代の学問たる建築史学が十九世紀末に成立して以降、蓄積されてきた過去の知見は、建築家にとって建築的芸術的価値を持つ内容であった事実を忘れてはならない。となると、今日の建築史家は、どの程度、現代の建築家に応じなければならないのだろうか。

※4　一八九〇年代ベルギーにはじまりヨーロッパ全土へ拡大した、新しい装飾芸術。伝統的な歴史様式に頼らず、植物や自然を造形モチーフにした。

※5　規格化された部材を立体トラスとして組み上げた大架構を指す。第二次大戦中、米軍の飛行機格納庫として用いられたのがはじまり。

建築史の読者が誰かという問題に関して、ゼーヴィの主張に対するまた別な応答が、この議論をさらに展開させてくれる。読みにくさで名高いタフーリの考察によれば、ゼーヴィは、歴史を通じて、建築と建築家を現代社会にとって重要な存在にしたかったのだという。ただ、戦後世界の建築が抱える課題、建築家がなしうる解決策、戦後の現実を明るい未来に橋渡ししてくれる歴史的知見は、あまりにも視野が狭く、その理想には程遠かった。[18]ゼーヴィの歴史は批評の趣が強く、（『建築』誌上の）彼の批評は歴史的な実例とそこから引き出されるメッセージに満ちている。だが、こうした事例こそ、タフーリが「まやかしの希望」と呼ぶものであり、歴史的な知が歴史の叙述とうまく合っていないと指摘された部分でもあった。それでも、現在を導く課題を過去に見出そうとするゼーヴィの姿勢は、クローチェの言う「真の建築史家」の好例だろう。

ゼーヴィの歴史学構想に従えば、歴史家は、現代社会の問題を理解し、建築がなすべきことを見極めることのできる建築家に付き従うのであり、ふさわしいとされる実例とその歴史は紹介するが、好ましくない例は語らない。そうなると、あまり注目されない傍流の建築家については、歴史家が今日的応用とは別の価値を見出したとしても、検討されなくなってしまう。必要ないのだ。実行性を持つ建築史とは、建築家をより良く教育し、彼らが建てる好ましい建物、彼らが計画する好ましい都市によって、社会をつくりあげるものだ。それゆえ、こうした歴史家は、純粋な学術的関心によって課題や問題を選定するのではなく、現在の必要から研究対象を選択する。その結果、建築史は、過去の知識のうちで重要な意義を持つものになる。こうして、あらゆる歴史的な主題が正当化される。

以上の方法にタフーリは否定的な見解を示したが、目指すところは同じだった。建築家が知りうる建築の歴史がほんの一部分にすぎなくなると、検証すべき対象をどのように探せばよいのだろうか。たとえ、建築史家が膨大な歴史知の中からその選択をするのだとしても、歴史家が当代の建築家に無関係なものとして切り捨てた場所、文化、建築家、時代に関する情報が、時とともに次の世代に伝わらなくなってしまう。歴史の「内側から」権威や連続性があまりにも強く主張されると、建築は社会から孤立してしまう、このようにタフーリは主張した。タフーリの考え方によると、建築史家は過去から抽出される安直な指針を建築家に与えるよりは、建物が生み出される際の混沌とした状況を強調すべきであり、同時代の読者に、建築史の大きな流れに矛盾するような実例や建築家や問題を知らしめる必要がある。タフーリがゼーヴィの姿勢を覆す意見を表明したことにより、建築史家が過去を論じるにあたり、歴史の知は「美学的な結論[19]」抜きに提示されるようになった。

このことは即座には理解しにくいかもしれない。今日の必要にしたがって建築家に歴史を説くことが、どうしてふさわしい建築家を育てることにならないのか。タフーリが重視したのは、過去から発せられる予想もつかない教訓や反響であり、それは建築家によって歴史の中に、役立つものではなく、刺激として見出される。ゼーヴィが主張したような、歴史の抽象化によって引き出される建築の共通価値は意味を持たなくなる。つまり、歴史を読んだ建築家が何を成すのかは、歴史家の視点から予想できないということになるが、逆にそうした状態こそが建築家という職能の健全さ、社会の問題を見極め取り組むことのできる建築家の資質を示すのだという。建築史家は、「有益な建築家の輩出に努める」（ゼーヴィ）のではなく、「建築家が惰性で設計しないよう努める」（タフーリ）のである。

ここに見る立場の差は、建築史が建築に対してどのように役立つべきか、という問いに関し、大まかではあるが、いまだに続く二つの考え方になっている。ゼーヴィは建築史を、もうひとつの建築実践と捉えた。タフーリは、建築史家は建築史を書くべきで、そこから建築家は成すべきことを知るべし、と考えた。建築史に関するどちらの考えも、建築の学識、建築家の教養を前提にしてはいるのだけれど、建築史が建築家とどういう関係を持つのかに対する見解は、研究者が身を置く立場や環境によってそれなりの差が出てくるのだろう。

文化的な有用性と建築的な有用性

これまでの議論を振り返ると、建築史が建築の専門家たちに「有用な」存在であり続けるのに、三つの立場があった。ゼーヴィの場合、歴史はコンテクストとして、建築家が設計、計画、装飾、材料等を決める条件になるという立場をとった。次に、それをもう少し和らげたミロンの立場。つまり、建築史は、建築家であろうと、会計士であろうと、われわれに多くの示唆を与えてくれるというもの。建築の知は、歴史の語り方や抽象化に制約されない。最後に、タフーリの批判的な立場。建築史家は建築史が示す方向性に逆らって行動することができ、この姿勢が、歴史上規範とされたもの、参考にされたもの、前例とされたものの批判につながる。以上、三者三様の姿勢が、学問、あるいは、研究の特徴ともなっている。建築に資するべく、歴史の中に見出される建築（ゼーヴィ）、文化に資するべく、歴史の傍らに見出される建築（ミロン）、建築に資するべく、建築に反して見出される歴史（タフーリ）。

こうした分析を通じて得られる教訓は、カーが述べていたこととそれほどかけ離れてはいない。カーは、「聖ジュード学院の偉大な学者ジョーンズ先生の著書を読むことを勧められた」学生が、賢明にも聖ジュード学院の友人に「ジョーンズ師がどんな人物であり、どのような考えを持っているのか」を尋ねたというエピソードを紹介している。建築家という専門的な読者を想定して書かれる建築史は、読者が持つ技術的・芸術的な知識を踏まえるだけでなく、読者が、いずれ過去の手がかりとなるような建築を設計していくこと、場合によっては、それが建築史に語られることまでを意識するだろう。こうした認識は、まちがいなく、歴史によって道を示すという、建築文化に対する歴史家の使命感に支えられており、そうしたことが歴史家の頭の中で「ざわめいている」ことをカーは記す。さらにカーは次のように続ける。「もしそこに何も感じないとすれば、あなたの耳がおかしいか、あなたが読んでいる歴史家が鈍らかのどちらかである」[20]。

建築史家のもっとも重要な任務として、過去を理解し評価すること、さまざまな方向性を眺めた上で、それぞれの結末を推測することがある。その意味では建築史学は、歴史の大きな流れと、建築の歴史的学識の創出、擁護、批判に関係性を見ているのである。こうした諸々の意味内容が活発に議論され、そのなかで、建築史の学問性、対象範囲、専門性が徐々に把握され、検証され、継承されてきた。この見方に従えば、前述したゼーヴィ、ミロン、タフーリ、三者に代表される立場は、建築史という学識、建築史の内容との関係において、次のように言い直すことができよう。歴史の知を援用し有用性を持つ歴史。研究自体を目的とする科学的・学術的歴史。(有用性や操作性を備える)目的遂行の歴史にも、(十分に確立した)慣行的な歴史にも反対し、知識や分析を駆使する批判的歴史。ここまでに取り上げてきた数多くの研究姿勢は、あらゆる取り組みの全貌というより、たんにいくつかの傾向の整理であったわけだが、建築史家たちはそうした傾向の一つに、他の別な方法を合わせて取り入れることが多い。
建築史家それぞれの取り組みが、建築史のあり方（対象範囲、展望、目的、効果）にまでつながるかどうかは、著者あるいは編者がどのような読者を想定するか、また、読者に何を伝えたいかによっておよそ決まってくる。当然、建築史をどの方向へ持ってゆきたいかが、重要なポイントになる。その際、建築や建築家が含まれる文化全体の進展と、形態、理論、計画、意味が問われる建築そのものの進展を区別する必要がある。一方にとって現代的に思われる建築史が、他方にとってまったくそのように思われないことがあるからだ。二つの方向性のうち後者は歴史の有用性を推し進めたが、一九七〇年代以降になると、多くの建築史家や理論家に疑念を持たれるようになった。そうした動きが批判的歴史という流れ、おおまかに言えば、タフーリに見るように、西洋で規範となってきたものを疑い、現代建築に対してその重要性を問いただすような学問的姿勢を生んだ。この姿勢の先に、近年のさまざまな建築史研究の展開があると言える。

註

1 Tafuri, 'Theories and History of Architecture', 36-40［邦訳　八束はじめ訳『建築のテオリア——あるいは史的空間の回復』朝日出版社、一九八五年］. Nikolaus Pevsner, *Pioneers of Modern Design: From William Morris to Walter Gropius* (［1936］London: Faber & Faber, 1936)［邦訳　白石博三訳『モダン・デザインの展開——モリスからグロピウスまで』みすず書房、一九五七年］も参照。

2 Bruno Zevi & Paolo Portoghesi (eds.), *Michelangiolo architetto* (Turin: Einaudi, 1964), esp. Zevi, 'Introduzione: Attualità di Michelangiolo architetto', 9-27; Tafuri, *Theories and History of Architecture*, 141-70 ; Tafuri, *Ricerca del rinascimento. Principi, città, architettura* (Turin: Einaudi, 1992), Engl. edn, *Interpreting the Renaissance: Princes, Cities, Architects*, trans. Daniel Sherer (New Haven,

Conn.: Yale University Press, 2006), esp. xxvii-xxix.

3 Gwilt, *An Encyclopædia of Architecture* ; Diana Ketcham, *Le Désert de Retz: A Late Eighteenth-Century French Folly Garden, The Artful Landscape of Monsieur de Monville* (Cambridge, Mass.: MIT Press, 1994); Andreas Schönle, *The Ruler in the Garden: Politics and Landscape Design in Imperial Russia* (Oxford and Bern: Peter Lang, 2007).

4 Yves Schoonjans, *Architectuur en Vooruitgang: De Cultuur van het Eclecticisme in de 19de eeuw* (Ghent: A&S Books, 2007).

5 Benedetto Croce, *History: Its Theory and Practice*, trans. Douglas Ainslie (New York: Russell & Russell, 1960), esp. 'History and Chronicle', 11-26［邦訳　羽仁五郎訳『歴史の理論と歴史』岩波文庫、一九五二年］.

6 Jacob Burckhardt, *Judgments on History and Historians,* trans. Harry Zohn ([1958], Indianapolis, Ind.: Liberty Fund, 1999), 168.

7 L. P. Hartley, *The Go-Between* (London: Hamish Hamilton, 1953), 9.

8 Croce, *History*, 22.

9 E. H. Carr, *What is History?* 2nd edn, ed. R. W. Davies ([1961], Harmondsworth: Penguin, 1984), 10-11［邦訳　清水幾太郎訳『歴史とは何か』岩波新書、一九六二年］.

10 Paul Memmott, *Gunyah, Goondie + Wurley: The Aboriginal Architecture of Australia* (St Lucia, Qld: University of Queensland Press, 2007); Elisabeth Pigou-Dennis, 'Fabricating a Space and an Architecture: The Rastafarian Experience in Jamaica', in *Formulation Fabrications: The Architecture of History, Proceedings of the 17th Annual Conference of the Society of Architectural Historians, Australia and New Zealand* (Wellington: SAHANZ, 2000), 73-83.

11 Carr, *What is History?* 12.

12 イヴォンヌ・レヴィとイエンス・バウムガルテンは、「われらバロックの作品」のなかで、バロックを専門とする多くの専門家にこの乖離があることを指摘した。

13 Henry A. Millon, 'History of Architecture - How Useful?' *AIA Journal* 34, no. 6 (December 1960): 23-5.

14 Millon, 'History of Architecture - How Useful?' 24-5.

15 Millon, ‘History of Architecture - How Useful?’ 25.

16 Bruno Zevi, Introduction to ‘L’opera architettonica di Michelangiolo nel quarto centenario della morte. Modelli, fotografie e commenti degli studenti dell’Istituto di Architettura di Venezia’, *Architettura. Cronache e storia* 9, no. 99 (January 1964), 654-712.

17 Millon, ‘History of Architecture - How Useful?’ 25.

18 Tafuri, *Theories and History of Architecture*, 151, 156.

19 Julie Willis & Philip Goad, ‘A Bigger Picture: Reframing Australian Architectural History’, *Fabrications* 18, no. 1 (June 2008): 6-23, esp. 16-19を参照。

20 Carr, *What is History?* 23.

第五章　歴史と理論

建築の歴史化にまつわる問題

本書では、これまでに、近代の建築史学に関してさまざまな源流を見てきた。その学問分野は、ある意味で、十九世紀末より文化史の名の下に展開した建築史の体系的研究と言ってよいだろう。それと歩調を合わせるように、建築学校やアカデミーにおいて建築史教育が急速に形式化された。われわれは建築史という近代の学問に関する問題を、議論の枠組みとアプローチ、資料と根拠、読者といったさまざまな角度から見てきた。別な方法によってさらなる考察ができるのかもしれないが、これまでの分析により、およそ次の二点があきらかになった。ひとつめは、歴史的建築にしても現代建築にしても、建築の定義は変化していくものであり、それが建築史の内容、そして、その分析手法へ影響を及ぼしていること。ふたつめとして、建築史は、研究・教育分野における重要性を、建築の実践、建築の今日的な要請、読者である建築家のニーズに求めていることである。

だからといって、建築史学が時代錯誤に陥っているわけではない。建築史家の多くが、この傾向を是正すべく努力している。クローチェの批判的文献学、タフーリの批判的歴史学に従い、過去の建物やモニュメントや都市計画がいかに着想され、調整され、実現されたかをめぐる歴史的状況が再検証されるのはその一例だろう。建築史は必ずしも実務的な関心や、建築の計画的な内容に沿う必要はなくなる。たしかに、建築史家の多くは、当初、建築家となるべく教育を受けているから、結果として、その多くが現代の建築実践の必要に照らして研究の意義を主張し、歴史研究を現在の問題に直結させることができる。しかしながら、それとはまったく逆の姿勢をとる根強い学問の考え方もある。その最たるものが、建築史研究を美術史、社会史、制度史、知の歴史の一部とする考え方、建築を史料として扱おうとする考え方だ。

十九世紀同様、二十一世紀においても、建築史学は、ときに矛盾をはらんだ制度的・知的伝統の延長上にあり、数々の概念的な問題を引き受けている。建築史学はそうした伝統から生まれたのであり、大なり小なりそれを継承している。この状況は、他の歴史学、たとえば、美術、技術、音楽、医学の歴史でも同じで、いずれの学問の成立にも各職能で歴史遺産の自覚が必要だった。

建築史の役目に、現代建築の歴史的な位置づけの説明がある。そのために建築史は、建築が何であり、過去にどうだったか、これからどうなり、どうなるべきか、こうした違いを整理し、明確にし、調整しなければならない。歴史家や建築家が用いる「建築」という言葉には、過去や現在に関する事実や憶測が図らずも混在することがあった。もちろん、これは現在が過去をどのように知るのか、という意味では、あらゆる歴史学の根本に関わる問題にほかならない。ただし、建築史においては、もう少し差し迫った問題となる。なぜなら、現存する歴史的建築は現代的な意義を持ち、現代的な視覚と経験の一部として認識されるからである。現存する十七世紀の建物は、単純に過去のものではない。こうした状況の複雑さが、歴史的建造物を分析する際に響いてくるのであり、その影響はたとえ建築理念の歴史であっても、歴史化した建築を指し示す用語であっても変わらない。

すでに指摘したように、歴史研究であっても、現在の建築にうまく接続させるような方法は多数存在する。タフーリの『建築神話の崩壊』をはじめ、**ピーター・コリンズ**の『近代建築の変転する理想』（一九六五年）、**ジョセフ・リクワート**の『近代の曙光』（一九八〇年）、**ケネス・フランプトン**の『現代建築史』（一九八〇年）、これらは現代建築の起源を十八世紀、すなわち、啓蒙思想、古典的伝統の揺らぎ、美学誕生の時代に見たものである[1]。ただし、歴史記述の観点から見ると、こうした業績によって、十八、十九世紀が複雑な内容を持つ近い過去になる一方、それ以前の時代がすべて遠い過去と見なされるようになった。このまなざしは、近代建築史を、建築史学の誕生に時を同じくする知の展開と見ていくのである。

図17　ピーター・コリンズによるジョン・ソーンの作品分析、『近代建築の変転する理想』（1965）より

一九六〇年代、七〇年代に頭角を現してきた建築史家たちは、**ペヴスナー**、**ギーディオン**、**ゼーヴィ**の本が示すような、モダニズムの価値観によって建築史を記述する姿勢に反旗を翻した。彼らの疑問は次のとおりである。もし、近代運動がこうした歴史に記される要求を叶えたとすると、建築のモダニズムがイデオロギーとして役目を終え、解体し始めるだろう。そのとき、歴史や建築にいったい何が残るというのか。こうして**バンハム**、タフーリ、**ロバート・ヴェントゥーリ**らは、戦後の近代建築の歩みに失望し、歴史の作業を現代建築の取り組みに合わせて再編したのである。形態や機能の問題は、歴史性や意味の問題に取って代わった。

この時期に書かれた歴史を読んだ人たちは、共通してこれらの著作を、建築論と記している。ここで言う理論は、もはや建築実践に関する手法論ではない。歴史的に言えば、建築論は、建築の構成、配置、材料、装飾といった手法に関する知的考察であり、芸術、学問、職能、技能の観点から、建築に向けられる思考であった。これがかつての理論であり、その幅広い足跡は、すでに紹介したクルフトやマルグレイヴの著作に示されるとおりである。ただし一九六〇年以降、理論は、もっと広く建築の批評的・歴史的分析を指すようになった。リオタールに言わせれば、それがポストモダンだった。(2) 大きな物語をひとまず脇へ置き、知の相対化が開始された。建築分野における、この知的転換は、記号論（の類）、歴史修正主義、フロイト―マルクス主義思想が、建築、建築史、建築史学にもたらした影響である。さらに一九八〇年代になると、脱構築主義の影響が見られるようになった。脱構築主義は、ジャック・デリダ※1の一九六七年の著作、『グラマトロジーについて』(3)をきっかけとし、広く普及した思想である。二十世紀後半に建築分野を席巻した知の歴史は、専門用語が奇妙なくらい混乱状態にある。(4)時代錯誤的で目的遂行型の建築史に対する反動が出てきたのが一九六〇、七〇年代で、一九八〇年代には広く普及し、一九九〇年代になると誘導型の建築論に同調するような建築史は拒絶されるようになった。以上は批判的歴史と呼ばれ、(今日では)人文科学分野の一端を担う「理論」の表明と捉えられている。(5)

一九六〇年代以降に発表された多くの建築史家の業績は、人文科学分野全体の方向性と価値の転換に影響されている。これがもっとも顕著だったのが英語圏、とくに北米の人文科学分野で、時代の主導権を握った。アメリカの建築学者たちによってヨーロッパ大陸の哲学が斬新な形で応用展開されたことが一因であるが、さらに、そうした研究行為を下支えする制度の根本的な変化、たとえば、建築学において博士号を出すようになったこと、大手出版社が建築史や建築論の書籍や雑誌の枠を大幅に拡充したことも大きかった。以上のように、学術姿勢、記述法、制度に変化はあったわけだが、建築史家が建築文化に果たす役割という根本的問題については、何も変わらなかった。結局、建築文化において、批評や歴史、思考や省察の意義が、それまで以上に認められるようになったとしても、モダニズムの歴史家と、その次の批判的歴史家の間で、問題の本質はあまり変わらなかった。この点について、**アンソニー・ヴィドラー**が『20世紀建築の発明』に示した問題を検討してみよう。

※1　ジャック・デリダ（Jacques Derrida　一九三〇〜二〇〇四）はフランスの哲学者。ポスト構造主義の代表的存在。脱構築という概念は、建築理論分野に大きな影響を与えた。

要するに、歴史家としてではなく、建築家や建築のために、建築史家は、何をするのか。より論理的に言えば、建築、とくに現代建築のために、建築史はどのような仕事を遂行するのか、もしくはすべきなのか。ありきたりの言い方にはなるが、歴史はどのように設計行為に「関わる」のだろうか。役立つのだろうか。もしそうだとすれば、どのように?(6)

ヴィドラーの最後の問いは、まさに前章で取り扱った議論を思い起こさせるが、有用性に関する問題をこれまでとは違う方向へ展開させることもできる。ここまでにわれわれが考えてきた有用性は、歴史と理論が直接関係する可能性に関する内容であった。しかし、そもそも建築史家は、未来を見つめ研究を行うべきなのだろうか。建築史の目的は、現代の建築実践に役立つモデルや法則を抽出することだったのか。歴史は建築を未来へ誘導すべきなのか。この問いに関して、歴史はそうした役割を担うべき、という立場に立った美術史家や建築史家の業績をヴィドラーは考察する。そこでは、歴史家として過去が知的対象とされ、現代建築が歴史的に捉えられたが、目的はある方向へのガイドであった。まさしく近代の歴史は、時代精神に特徴づけられていた。近代建築を時代のもっとも進歩的な表現と見なしたからこそ、その普及を手助けしたわけだ。一九七〇、八〇年代までに、こうした歴史学は完全に時代遅れとなった。

一九七〇年代になって、建築史と建築論を区別しようとする傾向が強まったが、研究手法の違いよりは、歴史学としての意味の違いを強調するものだった。ヴィドラーが取り上げた戦後の人物(ロウ、バンハム、タフーリ)は、奇しくも理論家として位置づけられている。場合によっては、彼らを批評家、歴史家として紹介することもあるだろう。彼らが理論家とされることがあるにしても、歴史と無関係という意味で理論家なのではない。また、彼らが歴史家とされる場合でも、ある時代の理論を分析することで批判性を持つ。つまり、彼らの立ち位置は、いわゆる批判的建築史にある。建築、その知的内容、その表現手法を理論として捉えた歴史であり、また、歴史として捉えた理論である。再考と内省を特徴とするポストモダンの文学理論を踏まえており、歴史の分析が建築の実践に持ち込まれることはない。

ヴィドラー自身が、建築の分野で「理論の時代」を代表する研究者である。その意味からすると、彼の興味が一九九〇年代後半から建築史学の歴史に向けられたのは当然の成り行きである。近年、理論としての批判的歴史は、広い意味で建築文化を対象とする理論を交えた知の歴史として「具体化」されるようになった。それが建築史学の歴史という形をとったのは、誰もが疑わなかったモダニズムや近代主義的な計画が、あらゆる知の完全な相対化へ道を譲り、さらに、人文科学に脱構築主義が台頭してくる、こうした流れを捉えたいという意図があったからである。

クルフトによる『建築論全史』、ソクラティス・ジョージアディスによる『ジークフリート・ギーディオン：知的伝記』（一九八九年）といった業績を足がかりにして、建築史学の歴史は一九九〇年代末までに建築史家の主要な関心事となった(7)。建築史家や建築文化に通じた知識人を多数扱った書籍が、建築史において重要な意味を持つようになった。このような取り組みに対して、建築史家が本来の研究対象である建築から離れてしまう、といった批判があったものの、建築にまつわる広範な文化と知性がどのようにつくられたのかに迫る知の歴史として、さらに、歴史家を通じて歴史的建築を記述するという方法として評価され普及した。このような取り組みのなかで模範的作品に再び注目が集まることがあるが、あくまでも歴史学や歴史編集を研究するための材料である。こうした建築史、つまり、建築史の歴史、建築理念の歴史では、建築が言説として捉えられたのである。

以上の展開を歴史的に理解するために、もっと広く人文科学分野で二十世紀末に考えられた展望や方法論を参考にしてみよう。この時期にイアン・ハンターは次のように記している。

自然科学の理論とは異なり、一九六〇年代の人文科学および社会学の理論は、研究分野ごとに定められたのではなく、言語学、法学、文学、人類学、民俗学、流通経済学など、多種多様な分野にすべて共通していた。この状況に、理論家たちが在籍する大学や学部のカラーの違い、(多少の重複はあるにせよ)国ごとに異なる知的状況を加味すると、この時期に登場した理論は地域差がかなり激しかったと言える。(8)

こうしたなかで、ヴィドラーが「建築、とくに現代建築に対して、どのような取り組み、どのような建築史が展開されるべきか」と問うのは、建築史が(主にイギリスで)近年「建築人文科学」といった分野に位置づけられるようになったからである。「建築人文科学」は、建築の歴史、理論、批評を、思考と分析に基づく知的活動として包括するもので、展覧会の企画、編集、執筆といったあらゆる活動の形がある。当然、建築史学の多様な方向性や考え方につながるのであり、理論の面でも、制度の面でも、建築史家に可能性を開いたのである。

建築の歴史・理論とは何か？

イアン・ボーデンは、「バートレット思想叢書」のなかで、意味ありげな連結表現を用いて、「建築の歴史・理論とは何か」と問うている。彼は、建築人文科学という分野をはっきりと「理論」の分野に位置づけ、次のように書く。「建築とは暫定的な存在で、さながら蜘蛛の巣にかかったハエのごとく、人の好奇心に触れ採取されるのをひたすら待つ。建築は、たしかに存在するが、まだ知られない存在であり、美もそのなかにある……。この過程を自身の問題として振り返ることで、建築の歴史も理論も等しく再検証されるにちがいない(9)」。これは、テリー・イーグルトン[※2]が提示した理論を建築に応用したものである。イーグルトンは、「批判的内省に関して……この種の理論は、自身の取り組みを問い直す際に起こる(10)」と書いた。ヴィドラーに従い、われわれが建築史にいかなる「役目」があるのか、と問うとき、それは、建築史が以上に見てきた理論運動にどのように参加し、学術的・認識論的に自身を見つめたのかという問いになるだろう。（ときとして極度に）相対化が推し進められ、（しばしば晦渋で、不可解ですらある）テクストが生み出される中で、批判的理論としての歴史は建築文化にいかなる貢献をしたのだろうか。批判理論がさまざまな学問分野に拡散した末に、建築史学のあり方はどのように変わったのだ

※2　テリー・イーグルトン（Terry Eagleton　一九四三〜　）はイギリスの文芸批評家、哲学者。ポストモダニズム批評の代表的存在。著書に『文学とは何か』、『ポストモダニズムの幻想』等。

ろうか。また、建築史が建築に対して果たす「役目」に変化はあったのだろうか。

先ほど見た学問の方向性がどれほど普及し影響力を持ったのだとしても、万人に受け入れられたわけではなかった。建築が理論へ向かうことに反対した建築史家も多く、彼らは理論寄りの学者たちが頑固で素朴と見なした建築史学に、一層の強い支持を表明した。理論への傾倒は一時的だとあからさまに主張し、耳を貸さなかった研究者もいる。あるいは、理論家、歴史家が用いる手法は、長い伝統に支えられた文献学や文化研究に求められるべきと主張する者もいた。こうした抵抗は、研究の方法や展望というより、取り扱われた研究対象に見て取れる。その例となるのが、クリストフ・L・フロンメルの『イタリア・ルネサンスの建築』(二〇〇七年)で、非常に手堅い建築史学のアプローチを示している。[11] 出版社はこの書について次のように紹介している。「この本は、今流行の理論に囚われることなく、時代と建築家の順を追ってまとめられている。社会背景、技術革新、美的判断のすべてがしっかりおさえられている」。この説明を真に受ける必要はない。と言うのも、フロンメルの姿勢は、理論になびかない歴史研究が近年でもまったく変わらずに進められている点からすると、特段保守的ではないからだ。むしろ彼にとっては、そうした研究手法や制約こそが無難なのだ。一九八〇年代、九〇年代に、理論的建築史が台頭し、目立つようになったとはいえ、フロンメルのような建築史家、そして、彼が館長を務めたヘルツィアナ図書館のような機関が体現するブレのない姿勢は、ポスト理論を模索する建築史家にとっては回帰すべき道、アンチ理論を標榜する建築史家にとっては堅持すべき道となった。

これまでに見てきた内容は、さまざまな定義や手法や展望を巡る複雑で錯綜したやりとりを、かなりそのままに示している。多くの事例を取り上げることでかえってわかりにくくなるのかもしれないが、この時代の傾向をいくらかでも浮かび上がらせることにはなるだろう。歴史が理論へ傾倒した時代も、それ以前に起こったすべての建築史学の流れと同じく、使用される言語別、国や地域のちがいによってさまざまな議論があった。しかし、そうしたさまざまな違いの中にも、「共通する思考態度や姿勢」[12]があった。そうした「態度や姿勢」をどこよりも顕著に示したという意味で言えば、二十世紀最後の四半期において、もっとも影響力をもった議論が、アメリカの北東海岸地域を中心とした「理論の本場、すなわち、アメリカの人文科学系の大学院」[13]で展開されたのであった。一九七〇年代に、こうした状況がアメリカの建築系大学院に広まったことで、以降の理論への傾倒が決定的になった。近年の建築史研究への影響力を思えば、これらの研究機関の周辺について少し触れておく必要があろう。

研究機関の成果

アメリカの建築学校に博士号（Ph. D.）が導入されたことは、建築が理論の時代に入ってゆくのに大きな転機だった。アメリカで最初に建築学の博士課程を設けたのは、ペンシルヴェニア大学、カリフォルニア大学バークレー校である。一九七五年、マサチューセッツ工科大学――アメリカでもっとも古い建築学校のひとつ――の建築および美術分野で、歴史、理論、批評に対する博士号が認められたことで、制度転換に一層の拍車がかかることになる。スタンフォード・アンダーソン、ヘンリー・A・ミロンの指揮下で、建築の学部生、大学院生が、建築や建築史を知的分析対象と捉えるようになり、建築は完全に批判的人文科学の大きなうねりに取り込まれていった。[14]

それ以前のアメリカでは、大学院における建築史研究は、美術史学の博士課程で行われていた。美術史学の中で建築史が教えられ、同様の知的成果を生み続けていたのである。その代表として、カリフォルニア大学ロサンゼルス校、コーネル大学、コロンビア大学の美術史学科が挙げられよう。マサチューセッツ工科大学は、一九八〇年代初頭から、アメリカの建築史・理論分野における重要な人材を多数輩出するようになったが、カリフォルニア大学ロサンゼルス校、カリフォルニア大学バークレー校、コロンビア大学、コーネル大学、ハーヴァード大学の美術史学および（近年では）建築学の大学院がこれに続く。建築理論分野の研究拠点としては、プリンストン大学、イェール大学、クーパー・ユニオン大学、多くの州立大学も挙げられよう。とくに、アイオワ州立大学は、ジェニファー・ブルーマーとキャサリン・イングラハムによる建築表象に関する研究で注目を集めた。

以上に紹介した大学の研究者が中心となって、建築の領域がさまざまに議論され再検討され、建築および建築史を学際的に理論研究していけるような場が準備されたのである。ヨーロッパに目を移すと、建築分野で人文科学理論の拠点となったのは、イギリスのＡＡスクールやケンブリッジ大学だった。この時代の有力な研究者は、アメリカでは北東部の要所を、イギリスではベッドフォード・スクエアやスクループ・テラスを拠点[※3]としたわけだ。

建築の知的展開に関して以上のような考察ができるとはいえ、その視野はまだまだ狭いと言わざるをえない。パリ、バルセロナ、デルフト、ベルリン、チューリッヒ、ヴェネツィア等、ヨーロッパ大陸の建築史に関する知的動向、アメリカ型の建築論的業績に対抗するような英語圏の動向について何も触れていないのだから。ただ、アメリカの理論研究に注がれる国際的な関心が非常に強かったことを思えば、理論家として括ることのできる一連の思想家たちを、アメリカの状況を踏まえたヨーロッパの展望として考察することはできるし、それはそれで十分国際的な状況の確認にはなる。

ジャン・ルイ・コーエンによれば、フランスで批判理論が建築学に導入されるきっかけは、一九六〇年代、七〇年代のイタリア人建築史家・理論家によるフランス哲学解釈であり、一九七〇年代のフランス建築界はイタリア人思想家たちの動向に注目していたという(15)。これらイタリア人研究者の著書や論文が英訳されたこと、そして、さまざまな書籍や雑誌にフランスのポスト構造主義思想が体系的に取り上げられたことにより、批判理論が建築史や建築理論に持ち込まれる環境はかなり整った。同時に、ドイツ語による哲学や批判理論が翻訳を通じて世界に広まり、建築論に取り込まれた経緯もある。（小さいながらも影響力のある政治誌『コントロピアーノ』には建築や都市に関する論考が定期掲載されたが、その中には、ドイツ人、オーストリア人思想家に端を発する建築的考察がある。**ビアトリス・コロミーナ**は、こうした海外の翻訳記事がスペインの建築界にどのように影響を及ぼしたかを考察したが、とくに、**イグナシ・デ・ソラ＝モラレス**の影響力が強かったバルセロナを取り上げ、建築主題の理論的な方向づけがあったことを指摘している(16)。）コーエンによれば、フランス哲学がタフーリらイタリア人によって消化され、批判的建築史、建築理念の歴史となる。それが、構造主義、ポスト構造主義を建築思想として展開させてこなかったフランスの建築文化に、哲学体系として取り込まれたのであった。

※3　AAスクールはロンドンのベッドフォード・スクエアの西側に、ケンブリッジ大学建築学科はトランピントン通りのスクループ・テラスに位置する。

この時期、ヨーロッパ大陸の哲学、文学、政治学、数学、経済学、歴史学に根ざすさまざまな思想が、建築を考察する手がかりとして参照された結果、大きな方向転換の呼び水となった。[17]

大学以外では、ニューヨークの建築・都市研究所（IAUS）が、一九六七年から八五年まで、理論分野の国際的拠点だった（数年前に再始動した）。[18] **ピーター・アイゼンマン**、マリオ・ガンデルソナス、アンソニー・ヴィドラー、スティーヴン・ピーターソンといった歴代所長の下、理論的な考察を展開する批判的歴史家や、歴史的な考察を展開する理論家や建築家が数多く集まった。歴史家としては、ケネス・フランプトン、ロザリンド・クラウス、理論家・建築家としては、ダイアナ・アグレスト、ラファエル・モネオ、**レム・コールハース**がいた。その機関誌である『オポジションズ』は、建築理論や批判的建築史をひとつの理論ジャンルとして展開させた。前述した所長および研究員による論考のほか、多数の国際的な論客の論考が載せられた。MIT出版から出された「オポジション・ブックス叢書」も機関が発するメディアの一つであった。[19] これらを通読すると、記号論やポスト構造主義から、一九八〇年代の脱構築主義までの推移が見て取れる。建築における脱構築主義は、歴史学の戦略や姿勢であると同時に、形態の創出や変形に関する建築プログラム理論でもあった。

テレサ・ストッパーニ[20]は、IAUSの重要性を、アメリカ人建築理論家の第二世代へ与えた影響力として捉えた。IAUSは、「ヴェニス・スクール」として名高いタフーリの批判的建築史をアメリカに持ち込んだ。さらに、建築理論の主題を見ると、建物の領域は建物をはるかに超えた次元へと拓かれており、建築史の研究対象も、文芸、映画、音楽、広告やポスター、建築的重要性を持つ哲学概念、哲学的意義を持つ建築概念、と実に幅広く拡張されていることがわかる。建築の問題や主題に影響を及ぼしていたり、その表出であったりすれば、直ちにこの新しい理論である批判的歴史の研究テーマとなる。ブルーマーによる『建築とテクスト』（一九九三年）や、ジョエル・サンダーの論集『スタッド』（一九九六年）には、建築を扱う批評や歴史学の手法、証拠、政治的意図に対して、偏見のないアプローチをうかがうことができる。(21)

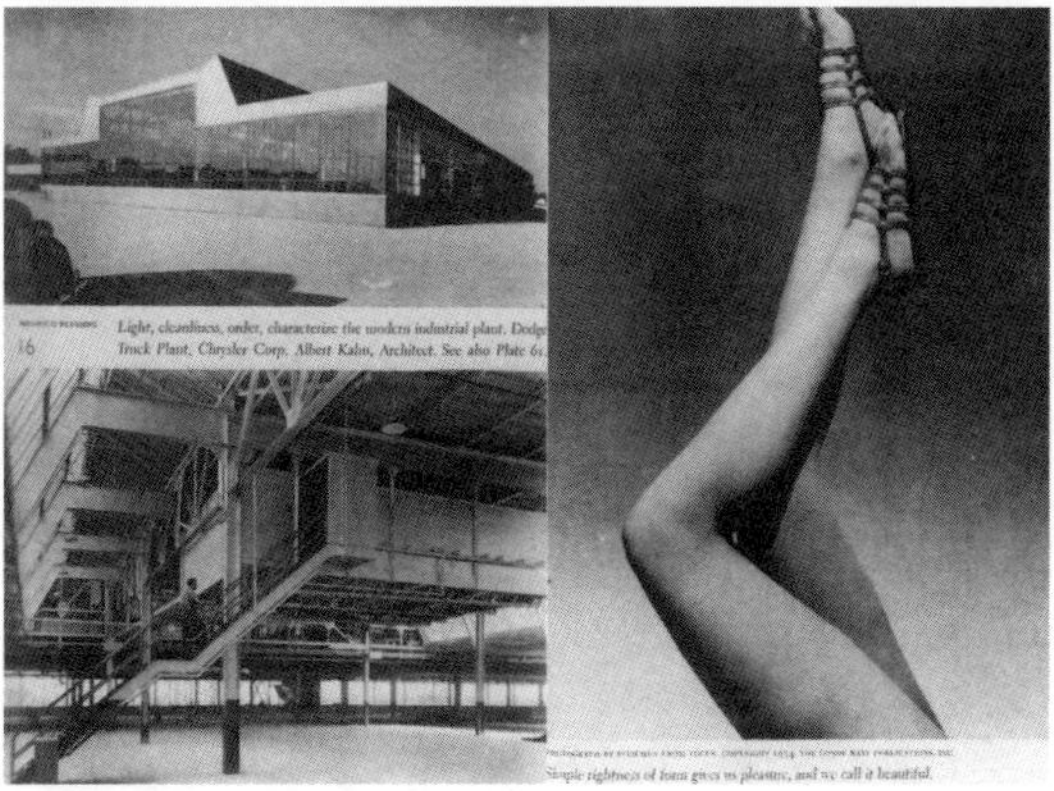

図18　ジョアン・オクマンによって論じられた『今日のデザイン』(1946)、アルバート・カーンの工場建築と「ヴォーグ」誌掲載写真の比較、『建築の性』(1996) より

ケネス・マイケル・ヘイズとキャサリン・イングラハムが主導した『アッサンブラージュ』誌も、第二世代の建築理論家の多くに活躍の舞台を与えた。その最終号である四一号（二〇〇〇年）には、創刊号（一九八七年）から本誌に寄稿してきた論者たちによる問題意識とその解説が一頁ずつ載せられた。時代を振り返って一人一人の述懐がしたためられた。歴史的観点からすると、『アッサンブラージュ』四一号は、建築の理論・プロジェクトが二十世紀末に意識され実践されたとはいえ、今後も終わりなく続く可能性を記している点で興味深い。(22)この雑誌の終幕が建築論や理論的歴史の終わりを意味しなかったのは、理論の時代によって、それまでの文献学や、建築史学の伝統的なアプローチが終わらなかったことと同じである。たしかに、二〇〇七年、ヘイズは批判的歴史が建築史家にとっていまだに有意義であることを主張し、次のよう

に書いている。「理論が多いほど、歴史に迫る道も増える。理論とは、歴史の内実を写し取る概念やカテゴリーを創出することである」[23]。

理論がもたらしたもの

大局的に見れば、近年の建築人文科学の展開は、北米とイギリスを中心に、より強い相対化、より深い自己批判と自己省察へ向かうものであった。同様に大きな見方をすれば、現在は、歴史家、批評家、理論家の関係がかなり薄れていると見ることもできる。つまり、歴史を理論として捉え、それを批評として理論化するといった相互の関係性が、理論のための理論へと変化したことにより、徐々に理論色を排した歴史の復権傾向が強くなっているわけだ。建築史家は再び、建物やその推移を記した史料に目を向け、それを基本とするようになった。だからといって、理論がもてはやされる以前の歴史学にまったく戻ったわけではない。模範的作品について無条件に論じることはできないし、諸々の状況を度外視して西洋建築の伝統を論じることもできない。批判哲学がもたらしたさまざまな可能性――史料の詳細な研究、細部の検証の重要性――は、ますます鮮明に意識されるようになった。

以上は、かつての歴史研究への回帰を示すだけでなく、批判的建築史が理論の時代のように特別な存在ではなく、その領域が拡大していったことを示してもいる。研究姿勢や方針の変化は、アメリカ建築史学会、オーストラリア・ニュージーランド建築史学会、イギリス建築人文科学研究協会の会議内容、イギリスの『建築雑誌』やアメリカの『建築史学会誌』の紙面内容にかなり現れているが、この事態は、一九八〇年代、九〇年代に建築史分野の自由化を目指した研究者からすれば想定しなかったものだろう。変革を求めた新しい流れが、長い時間を経て、自由や相対主義に無頓着だった研究者たちにもたらされたようにも見える。制度や知のあり方にもたらされた近年の変化をやるせなく感じていた人たちにしてみれば、理論とポスト理論の区別などありえないのだろう。それでも、われわれにとっては、理論の時代の影響を受けた歴史学がどのような主題と方向へ進んだのかを知る材料にはなる。たとえ、それが同じように不確実な意味合いで、「歴史への回帰」として理解されるものであったとしても、である。

その場合、たとえ建築史への「回帰」と言うことがあったとしても、それが安易で単純な取り組みではないことは強調しておかなければならない。批判的歴史によって、歴史家は知の作用や表象、それが創出され存続する状況に対して、深く洞察することができるようになった。建築史研究は、こうした作業を抜きにはもはやできなくなった。近年活躍している建築史家は、こうした知の展開を知った上で、再度、建築史の「中核」を成す問題へ向かう。これまでの知的展開が今日の自身の研究、執筆、教育にもたらした意義についても十分に理解している。レインホールド・マーティン、フェリシティ・スコットの業績は、こうした歴史学の持つ可能性が示された好例であろう[24]。二人は、ブランデン・ジョセフとともに雑誌『グレイ・ルーム』（二〇〇〇年創刊）を編集する。近年、建築史における知的な思考そのもの——歴史家とその位置づけ——にますます比重が置かれていることは、学問領域や建築文化との関係に対する理論的検証が、いまだ有効な手法として機能していることの証しでもある。

こうした研究に取り組んでいる建築史家を挙げていくときりがない。ウィーン、ヴェネツィアの研究者をはじめ、アメリカ、イギリス、トルコ、南アフリカ、スペイン、ポルトガル、フランス、ベルギー、イタリア、オセアニアの歴史学者たち。その検証は、当然のごとく、学問のあり方に関する考察や分析にも向けられる。（こうした歴史知の検証のなかで、たとえば、ある時代の美術史家がドイツの国家社会主義に加担していたというような、不当な政治姿勢が明るみになったとしても、そのような事実を歴史認識することで、歴史研究が特定文明の擁護にならないようにすることにはなった。[25]）こうした研究の多くが、カーの忠告、すなわち、歴史を知る前に歴史家を知れ、に従っている。建築史家を分析することで、さまざまな学術的工夫がいかにして今日の建築史学、建築史の主題をつくりあげたかを理解することができる。

また、現代建築に対する批判的考察として、建築文化のより広域な場面で、いかに歴史が作用するかを指摘したものがある。ここには、建築の実践的応用とは違う形で、過去の知識の現代的意義が示されている。『スレスホールズ』（一九九二年創刊）に掲載される近年の論考は、こうした傾向を示す批評的・歴史的論文の実例となろう。あるいは、『ログ』（二〇〇三年創刊）の論考も同様である。この雑誌は、一九九〇年代にシンシア・デイヴィッドソンが主導したANYプロジェクト（一九九三〜二〇〇〇）の発展形でもある。ANYでは、建築理論分野の可能性を巡って世界各地に論客が集められ、その国際会議の成果が出版物にまとめられた。また、ずいぶん趣は違うが、アトリエ・ワンの貝島桃代と塚本由晴は、類型学に基づく歴史研究の成果を出版している。[26]こうしたアプローチは、批評家、理論家的活動をする建築史家が、次の展開を求めて建築分野に何度も何度も検証を重ねていく中から出てきたものである。

ポストコロニアル建築史も、一九九〇年代の知的、制度的、歴史的状況のなかから生じ、大きな存在感を示した。数多くの地域や文化の歴史学が知られるようになり、絶対的な西洋の規範が完全に放棄させられることで、「建築」は一層幅広く深い内容へと変貌した。[27] そこでは、支配にまつわる権力や圧力や慣行がどのように建築の成立や理解に作用するのか、について歴史的な検証が行われる。その結果、歴史的でもあり、理論的でもあるような主題が登場する。政治権力の流れ、その影響、支援や特権の対象。経済学、政治学、イデオロギー。ジェンダー、性、人種。精神構造、集団的記憶、世界観、表象、心理。こうした主題が出てくることで、過去の建築史にはまだまだ考察の余地があるという認識が強くなった。建造物や街区の保存修復を主題とした近年の理論や歴史には、こうした傾向が垣間見られる。アメリカの雑誌『フューチャー・アンテリア』(二〇〇四年創刊)は、知識としての歴史と、痕跡としての遺産の間に働く複雑な相互作用について考察を重ねている。今日、歴史的建造物がどのように維持されるべきか、そして、その作業がどのように歴史的な重要性を持つに至るのか、に関して理論的な考察が続けられている。

このように、建築の過去に対して、あくまでも批判的に、つねに疑いの目を持って分析する手続きがあるかぎり、今日のさまざまな学問的取り組みの前段階、すなわち、理論傾倒以前の歴史学に戻ってしまうことはないだろう。建築史家にとって、異分野の手法やアプローチを採用することは、次の段階へ進むための刺激になってきた。他の歴史学、ヨーロッパ哲学、政治学、経済学、共同体や制度、テクノロジーや科学の理論は、建築史の伝統的、規範主義的な主題に驚くべき洞察をもたらしてきた。こうしたあらゆる理由によって、絶対的規範は完全に失われた。かつて規範とされてきたものは、人文科学等の知見を組み込みつつ、新しい課題に挑む中に登場した数々の手法やアプローチによって精査された。

そして最終的に、建物は、建築史家が長らく研究と教育の材料としてきた文化知識に対して、特有の課題を持ちかける。建物には、どのような知が埋め込まれているのか。建物が建つ場所や時代の違いが、建物に何をもたらしているのか。建物は過去の痕跡としてどのように存在しているのか。これらが、建築史家が取り組むべき課題の核心に居続けている。

今後の展開

本書においてこれまで描いてきた建築史、建築史学の見取り図は、近代的な学問とその実践に関するものであった。建築史は一学問としての挙動、形式、体系を期待されているわけだが、類似の学問分野から広く影響を受け続けており、近年、その参照先は、これまで予想もできなかったような学識、素材、手法、媒体にまで広がっている。人文科学全体を見渡しても、現在の学問のあり方は半世紀前とはずいぶん様変わりしている。今日の建築史家の業績は、取り扱う知識、出典、論証の手続き、どれをとっても**ハイリッヒ・ヴェルフリン**にしてみればほとんど理解不能、ジークフリート・ギーディオンにとっては当惑の対象、**ジェフリー・スコット**にとっては意味をなさず、**アンリ・フォション**にしてみれば怒りの対象なのかもしれない。

抽象的な言い方をすれば、建築の過去を知るという作業は、建物、ドローイング、建築内の暮らしといった主題に潜んでいる事実を、現在の学者が関心を持つ属性に突き合わせてゆく作業なのだろう。この事実は、時間が経ってもそう変わることはない。建築は、ある歴史家にとっては専門分野であり、別な者にとっては芸術であり、また別な者にとっては文化を映す鏡である。これまで見てきたように、学問・方法に関してバランス感覚を持たずに、建築史をひとつの視点だけで捉えた建築史家はいなかった。これまで同様、現在も、この姿勢が建築史学の実践を豊かなものにしてくれる。知の実践、あるいは、知の領域として、建築史学ではさまざまな主張が展開されているが、そうした主張は以前にも増して議論の只中にある。実際、建築史家が取り組む主題や内容は、建築が置かれるもっと大きな文化や制度の状況変化に応じて、その範囲、方法、史料、立場が繰り返し検証されている。

　コールハースが指揮する建築事務所（OMA）と、その研究部門AMOは、大都市、地方、国家、世界といったスケールの違う課題に取り組んでいるが、それらがこれからの建築実践に求められる要件であり、また、現代建築の今後を物語ってもいる。彼らの仕事が試みているのは、建築という手段によって、統治、資本、消費社会、国家、大陸に由来するアイデンティティを形成しうるかである。また彼らがめざすのは、建築の実践を伝えるメディアを、建築の手段や方法から引き離すことである。結果、建築史の意義も変わりはじめる。建築史を記す際の手段や方法が、政府、法規、政治学、消費、宗教、ナショナリズムを対象とする歴史の分析にどのように影響するのか。この問題へ取り組んだ例となるのが、コロンビア大学、レインホールド・マーティンの「シンク・タンク」[28]スタジオ、さらに、オバーリン大学、ジョン・ハーウッドの企画した「アグリゲート」会議[29]（二〇〇八年四月）、イヤル・ワイズマンによるイスラエル、パレスティナの分析だろう[30]。端的に言えば、建築が示す今日の専門的・文化的内容はきわめて多岐に広がっており、まさにそうした状況を建築史という分野の広がりに捉えようとしているわけだ。

こうした現況が、建築史、建築史学、建築史家に何をもたらすのか。結局のところ、今日の学問や制度の状況からある程度距離を取らずに、何かを言うことはできない。建築史学はこの数十年の間にかなり大きな変革の波にさらされたが、この変化は十九世紀末にもたらされたもの以上のものであろうか。建築史学にもたらされた近年の変革が強く意識され、今後の基盤となるのだろうか。ヘイズの論考「歴史解釈における記述法について」の結論には、「（建築史を）書くという行為には、状況を肉付けし、思考を整理させる効用がある」[31]と記されている。建築の領域が拡大の一途をたどるのであれば、建築のなかの批判性、批評性も以前にも増して流動化することになる。そのように進展する学問であれば、この先何があるとしても、建築史学の現在にもっとも見合う道を示し続けるのであろう。

註

1 Peter Collins, *Changing Ideals in Modern Architecture* (London: Faber & Faber, 1965); Joseph Rykwert, *The First Moderns: The Architects of the Eighteenth Century* (Cambridge, Mass.: MIT Press, 1980); Kenneth Frampton, *Modern Architecture: A Critical History* (London: Thames & Hudson, 1980)［邦訳　中村敏男訳『現代建築史』青土社、二〇〇三年］. Joseph Rykwert, *The Judicious Eye: Architecture against the Other Arts* (Chicago: University of Chicago Press, 2008); John Macarthur, *The Picturesque: Architecture, Disgust, and Other Irregularities* (London: Routledge, 2007) も参照。

2 Jean-François Lyotard, *La condition postmoderne. Rapport sur le savoir* (Paris: Minuit, 1979), Engl. edn, *The Postmodern Condition: A Report on Knowledge*, trans. Geoffrey Bennington and Brian Massumi (Minneapolis: University of Minnesota Press, 1984)［邦訳　小林康夫訳『ポスト・モダンの条件——知・社会・言語ゲーム』水声社、一九八九年］.

3 Jacques Derrida, *De la grammatologie* (Paris: Minuit, 1967), Engl. edn, *Of Grammatology*, rev. edn, trans. Gayatri Spivak (Baltimore: Johns Hopkins University Press, 1976)［邦訳　足立和浩訳『グラマトロジーについて』全二巻、現代思潮社、一九七二年］.

4 Andrew Leach & John Macarthur, 'Tafuri as Theorist', *arq: Architectural Research Quarterly* 10, nos. 3-4 (2006): 235-40.

5 著作としては完全に選集の時代であった。Joan Ockman (ed.), *Architectural Culture, 1943-1968: A Documentary Anthology* (New York: Rizzoli, 1993); Kate Nesbitt (ed.), *Theorizing a New Agenda for Architecture An Anthology of Architectural Theory, 1965-1995* (New York: Princeton Architectural Press, 1996); K. Michael Hays (ed.), *The Oppositions Reader* (Cambridge, Mass.: MIT Press, 1998), and (ed.), *Architecture Theory since 1968* (Cambridge, Mass.: MIT Press, 1998); Hilde Heynen, André Loeckx, Lieven De Cauter & Karina van Herck (eds.), *'Dat is architectuur': Sleutelteksten uit de Twintigste Eeuw* (Rotterdam: 010, 2001).

6 Vidler, *Histories of the Immediate Present*, 3［邦訳書四頁］.

7 Sokratis Georgiadis, *Sigfried Giedion: Eine Intellektuelle Biographie* (Zurich: Amman, 1989), Engl. edn, *Sigfried Giedion: An Intellectual Biography*, trans. Colin Hall (Edinburgh: Edinburgh University Press, 1993).

8 Hunter, 'The History of Theory', 80.

9 Iain Borden, 'What is Architectural History and Theory?' in *Bartlett Book of Ideas*, ed. Peter Cook (London: Bartlett Books of Architecture, 2000), 8.

10 Terry Eagleton, *After Theory* (London: Basic Books, 2003), cited in Hunter, 'The History of Theory', 86.

11 Christoph L. Frommel, *The Architecture of the Italian Renaissance* (London: Thames and Hudson, 2007).

12 Hunter, 'The History of Theory', 81.

13 Hunter, 'The History of Theory', 80.

14 これに関するヘンリー・A・ミロンとスタンフォード・アンダーソンの議論は下記を参照。'Geschichte und Theorie im Architekturunterricht', Bibliothek Werner Oechslin, Einsiedeln, 20-22 November 2009.

15 Jean-Louis Cohen, 'La coupure entre architectes et intellectuels, ou les enseignements de l'italophilie', *Extenso* 1 (1984): 182-223.

16 下記会議に提出されたビアトリス・コロミーナの論考を参照。‘The Critical Legacies of Manfredo Tafuri’, Columbia University and the Cooper Union, New York, 21 April 2006.

17 この現象に対するイギリスの反応については、ルートリッジ社の「建築家にとっての思想家」シリーズを参照のこと。建築と関わりのある多数の思想家が取り上げられている。 Luce Irigaray（Peg Rawes, 2007）, Martin Heidegger（Adam Sharr, 2007）, Gilles Deleuze and Felix Guattari（Andrew Ballantyne, 2007）, Maurice Merleau-Ponty（Jonathan Hale, 2009）and Homi Bhabha（Felipe Hernandez, 2009）. もっとも古いものは、ノッティンガム大学大学院のリーディング・プログラムにおける、建築および批判理論に関するもの。Neil Leach（ed.）, *Rethinking Architecture: A Reader in Cultural Theory*（London and New York: Routledge, 1997）.

18 www.institute-ny.org（二〇〇九年四月九日アクセス）.

19 MIT出版による「オポジション・ブックス叢書」には、以下の書籍がある。Alan Colquhoun, *Essays in Architectural Criticism: Modern Architecture and Historical Change*（1981）; Moisei Ginzburg, *Style and Epoch*, trans. Anatole Senkevich（1982）; Adolf Loos, *Spoken into the Void: Collected Essays, 1897-1900*, trans. Jane O. Newman & John H. Smith（1982）; Aldo Rossi, *Architecture of the City*, trans. Diane Ghirardo & Joan Ockman（1982）［邦訳　大島哲蔵、福田晴虔訳『都市の建築』大龍堂書店、一九九一年］; *Scientific Autobiography*, trans. Lawrence Venuti（1982）.

20 Teresa Stoppani, ‘Unfinished Business: The Critical Project after Manfredo Tafuri’, in *Critical Architecture*, ed. Jane Rendell, Jonathan Hill, Murray Fraser & Mark Dorrian（London and New York: Routledge, 2007）, 22-30.

21 Jennifer Bloomer, *Architecture and the Text: The (S)crypts of Joyce and Piranesi*（New Haven, Conn.: Yale University Press, 1993）.

22 www.gsd.harvard.edu/research/publications/affiliated_publications/assemblage/assemb41.html（二〇〇九年四月十五日アクセス）.

23 K. Michael Hays, ‘Notes on Narrative Method in Historical Interpretation’, *Footprint*（Autumn 2007）: 23.

24 Reinhold Martin, *The Organizational Complex: Architecture, Media, and Corporate Space*（Cambridge, Mass.: MIT Press, 2005）; Felicity D. Scott, *Architecture or Techno-utopia: Politics after Modernism*（Cambridge, Mass.: MIT Press, 2007）.

25 Compare Wood（ed.）, *The Vienna School Reader*. イボンヌ・レヴィは、著書*Barock: Architectural History and Politics from Burckhardt*

to Hitler (1844-1945) (www.nga.gov/casva/fellowships.html) で、この問題をバロック建築史の問題として追究している。

26 www.anycorp.com/log/ (二〇〇九年四月十五日アクセス); アトリエ・ワン『アトリエ・ワンと歩く　金沢、町家、新陳代謝』金沢21世紀美術館、二〇〇七年, project archive at www.bow-wow.jp/profile/publications_e.html (二〇〇九年四月十五日アクセス) も参照。

27 トーマス・A・マーカスとアンソニー・D・キングが編集するルートリッジ社の「アーキテクスト」シリーズを参照。

28 'Think-tank: Counter-theses after 9.11.01' at www.arch.columbia.edu/index.php?pageData=2937 (二〇〇九年四月十五日アクセス).

29 'Aggregate: Working Conference' http://artlibrary.wordpress.com/2008/04/08/75/ (二〇〇九年四月十五日アクセス).

30 Eyal Weizman, *Hollow Land: Israel's Architecture of Occupation* (London: Verso, 2007).

31 Hays, 'Notes on Narrative Method in Historical Interpretation', 29.

訳者あとがき

本書は、『What is Architectural History?』(Polity Press, 2010)の全訳である。原書は「What is History?」の一冊であるが、このシリーズは建築以外にも、中世、文化、医学、世界、移住、環境、軍事、ジェンダーといったさまざまな主題を取り揃え、個々の歴史学に関して、学問の展開、方法、課題を手際良くまとめている。このシリーズ名、あるいは、『建築史とは何か?』という書名に、E・H・カーの名著『歴史とは何か』を思い起こす方も多いのではないだろうか。実際、本書で展開される議論には、カーの著作をはじめとする数々の歴史学批評を、建築史をめぐる知のあり方、建築史を記述編纂する際のさまざまな問題に応用展開していくところがある。このように歴史学から建築史学へ問題を深化させていく一方で、歴史学全般とは異なる建築史ならではの特徴にも目配りがなされている。たとえば、建築史と建築実務、建築の過去を理解することと建築の現在を理解することの差をどう捉えるかといった問題、あるいは、建築史家の編纂する建築史が、同時代の建築実務、その時代の建築観と無関係に存在できるのか、といった問題の検討である。こうした問題は、もっと別な視点から見ると、建築史学が歴史学ではなく建築学に従属していること、より大きな制度的問題としては、(まさに日本がそうであるように)建築学が工学に従属していることとも関係する。本書では、以上のような問題意識を、とりわけ建築史が誰に向けて書かれるのかという読者設定の問題、建築史が何に役立つのかという有用性の問題として取り上げ、検討している。

「建築史とは何か」という主題は、「建築史家が何をなすべきか」という問いとほぼ同義である。これについては、言うまでもなく建築史／建築史学の守備範囲が議論を大きく左右するわけだが、本書で対象となる建築史とは、研究成果である学術専門書のみならず、建築の魅力を一般向けにわかりやすく解説する概説書、さらに、建築家が記す理論書やエッセイの類までを幅広く含む。すなわち、太古から直近の過去まで、建築にまつわるさまざまな主題を論じた知の形式が、議論される建築史の範囲である。また、「建築史とは何か」という問いの前提には、建築史が誰の目からも同じ客観的事実としてあるのではなく、建築史家の語り方次第でいかようにも様相を変える（本書の内容に沿うなら、「鏡」のような）存在という認識がある。こうした相対的思考はポストモダン以降、知の問い直し作業として一ジャンルを築き上げているのであり、そのなかで本書は、建築史という学問、建築史という知の総体、建築史の記述編纂法といった「建築史家の仕事」に現代の省察を加えようとしている。

さて、著者のアンドリュー・リーチは、一九七六年ニュージーランド生まれの建築史家である。ベルギーのゲント大学で博士号を取得し、現在、オーストラリアのクイーンズランド州にあるグリフィス大学で教鞭をとる。主として近代建築史を専門としながら、建築理論、建築批評にも旺盛な関心を寄せる気鋭の研究者である。二十世紀建築に関する著書に、建築家フレデリック・H・ニューマンを扱ったものがあるが、ここでの関心は、ウィーンからニュージーランドに逃れてきたユダヤ人ニューマンが新天地でどのような貢献をしたか、すなわち、近代世界における建築家の移動、国境を超えた複雑な建築文化の影響関係にあった。こうした地政学的興味もさることなから、『建築史とは何か?』執筆の背景としては、イタリア人建築史家マンフレッド・タフーリへの関心が見逃せない。リーチが、建築史学の方法、建築史記述のあり方について、タフーリの業績に大きな関心を寄せていたことは本書の記述内容、とくに批判的歴史の位置づけに見て取れるとおりである。リーチの著書『マンフレッド・タフーリ〜選択する歴史』は、タフーリの業績を振り返る一種の建築史家研究であるが、まちがいなく著者自身が建築史学自体の問題を考え深めるきっかけでもあった。

過去から近年までの建築史学の流れを整理した歴史、また、個々の建築史家を対象にした批評的研究はこれまでにも存在してきたが、本書はそれらをすべて俯瞰する視点に立つ。俯瞰するがゆえ、情報の割り切りが必要となる。本書では、個々の建築史テクストの内部分析よりは、テクストを成立させる外部周辺の分析に力点を置く。建築史がどのように近代的学問として成立したのか、建築史はどのように語り記述されてきたのか、何を手がかりに記述されるのか、どのように役立つのか、そして、近年の建築史の課題は何であり、どこへ向かおうとしているのか、こうした内容は五章からなる本書構成のとおりである。その際、「建築」、「建築家」という言葉の問題、意味の問題、概念の問題を避けて通ることはできない。「建築史とは何か」を問うにあたって、「建築史」、「建築史家」、「建築」、すべての意味内容が時代とともに揺らぎ変化していく。その事実をどれほど自覚しようとも、建築史家にできることは、現代の言葉と概念を前提にしながら、過去の言葉と概念の差について丁寧に説明をすることしかない。本書もそうであるが、この問題に誠実であろうとすればするほど、文章記述にはどうしても一種のまどろっこしさが出てくる。言葉と概念の歴史性に起因する制約である。

もうひとつの制約として触れておきたいのが、英語圏の著者による建築史学レビューであるがゆえ、本書に紹介される業績は、基本として、西洋世界の情報であることだ。いわゆる建築史家としてはハインリッヒ・ヴェルフリンからマイケル・ヘイズまで、もう少しフレームを広げるとウィトルウィウスからレム・コールハースまで、建築史にコミットするキャスト陣容は実に豊かである。こうした西洋世界の知的展開を、著者は活動地であるオセアニア、いわば西洋世界の周縁部から見直している。その意味では、本書はポストコロニアリズムの相対的視点を自ずと有し、西洋世界を俯瞰し客観視する程良い距離を得ていることになる。西洋世界を相対的に捉える有効性からすると、たとえば、本書にアクセスする日本人読者が、西洋世界に対して同様に周縁からの分析を展開し、日本における建築史学の展開に思いを巡らせることがあれば、先の制約はもはや制約ではなく、本書の意義はさらに広がる。帝国主義時代に活躍した伊東忠太、関野貞、藤島亥治郎、戦後世界に広がりを見せる日本人建築史家の系譜と、本書に紹介される西洋の建築史学の展開を重ねてみると、あらためて気づかされることがある。その先に、日本の建築史学の現況、現在の建築史家の仕事ぶりにまで検証が及ぶことになれば、本訳書の役割としてこれ以上の望みはない。

本書との出会いは、もう六年前に遡る。アメリカ東海岸に半年間滞在する機会を頂いた際、書店で手にとった一冊だった。翻訳の可能性をすぐに考えた。大学院生の頃、「手頃な研究書があればぜひ翻訳すると良い」という助言を恩師に頂きながら、なかなかその「手頃」に出会うことなく時は過ぎ、いまだ自分の意志で翻訳書を出せずにいたからだ。ボリュームと内容にバランスがとれ、それでいて多くの人と議論を共有でき、しかも自身の成長に資する書との出会いはなかなかなかった。その間も、恩師の言葉がずっと頭の片隅にあった。本書『建築史とは何か？』は、頁全体をパラパラめくった時点で、「これしかない」という感じだった。自身の中で、建築史学の歴史、建築史学の方法論といった関心は、大学院時代に育まれたように思う。本書に取り上げられている多くの書も、一九九〇年代後半に読み込んだものが多く、当時を懐かしく振り返る機会になった。カーの歴史分析、ヴェルフリン世代の建築史／美術史の方法論、ペヴスナーからフランプトンまでの建築通史、タフーリからヴィドラーやコロミーナまでの理論的歴史、ジェンダー論、ポストコロニアル理論。そうした情報の全体を十数年経って、まさかひとつの学問の流れとして整理することになろうとは……。その意味で、本書の訳出は私にとって実に感慨深い作業になった。

アメリカから一時帰国した二〇一一年に中央公論美術出版の小菅勉さんにお会いし、訳書出版の可能性をうかがい、即答で御快諾いただいた。にもかかわらず、その後の作業は私の怠惰もあって遅れに遅れた。これ以上の遅延は鮮度に関わると再始動したのが二〇一五年。作業の土壇場で、原書の版権が文章のみという想定外の制約により、本訳書ではあらたに独自の図版を用意し追加することになったが、こうした細かい作業の全般において、編集担当の鈴木拓士さんには大変お世話になった。記して感謝申し上げます。

本書が、建築史学に興味をもつ方々の力添えになりますように。

二〇一六年七月

横手 義洋

建築家・建築史家リスト

※本書に登場した建築家・建築史家に簡単な解説と、邦訳著作を付して五十音順に並べた。

アイゼンマン、ピーター　（Peter Eisenman　一九三二〜　）

アメリカの建築家。初期の頃はニューヨーク・ファイブの一人として知られ、理論への貢献が大きい。脱構築主義においてはデリダとのコラボレーションがあった。（本書170ページ）

アッカーマン、ジェームズ　（James Sloss Ackerman　一九一九〜　）

アメリカの建築史家。主としてイタリア・ルネサンスを専門とする。イェール大学ではフォションに学んだ。

（本書69，70，72，74ページ）

［邦訳］

『ミケランジェロの建築』中森義宗訳、彰国社、一九七六年

『パッラーディオの建築』中森義宗訳、彰国社、一九七九年

アルベルティ、レオン・バッティスタ　（Leon Battista Alberti　一四〇四〜七二）

イタリアの人文主義者、建築家。ウィトルウィウス建築書をはじめとする古代研究家でもあり、ルネサンス人として万能の才を発揮した。（本書28〜29，31，38〜40ページ）

［邦訳］

『建築論』相川浩訳、中央公論美術出版、一九八二年

『絵画論（改訂新版）』三輪福松訳、中央公論美術出版、二〇一一年

『芸術論（新装普及版）』森雅彦編著、中央公論美術出版、二〇一一年

ヴァザーリ、ジョルジョ (Giorgio Vasari 一五一一〜七四)

イタリアの画家、建築家。『列伝』改訂にあたっては、ヴェネツィアの芸術家の情報を追記した他、芸術家の肖像画も加えている。(本書31〜35，37，38，48，78ページ)

[邦訳]

『美術家列伝』全六巻、森田義之、越川倫明、甲斐教行、宮下規久朗、高梨光正監修、中央公論美術出版、二〇一四年〜

ヴィオレ＝ル＝デュク、ウジェーヌ・エマニュエル (Eugène Emmanuel Viollet-le-Duc 一八一四〜一八七九)

フランスの建築家。主としてフランス中世建築を修復した建築業績で知られるほか、建築に構造合理性を見出す近代主義的建築理論の業績でも名高い。(本書54ページ)

[邦訳]

『建築講話』飯田喜四郎、中央公論美術出版、一九八六年

ヴィックホフ、フランツ (Franz Wickhoff 一八五三〜一九〇九)

オーストリアの美術史家。アウグストゥスからコンスタンティヌス一世の時代のローマ美術について研究した。(本書53，54ページ)

ヴィドラー、アンソニー (Anthony Vidler 一九四一〜)

アメリカで活躍する建築史家、理論家。啓蒙主義時代から二十世紀建築までを専門とする。(本書12，90，91，161〜165，170ページ)

[邦訳]

『歪んだ建築空間――現代文化と不安の表象』中村敏男訳、青土社、二〇〇六年

『20世紀建築の発明――建築史家と読み解かれたモダニズム』今村創平訳、鹿島出版会、二〇一二年

ウィトルウィウス (Marcus Vitruvius Pollio 前一世紀頃)

ローマ時代の建築家。著書『建築書』は現存最古の建築書として知られる。(本書24〜29，31，34，38，40ページ)

[邦訳]

『ウィトルーウィウス建築書』森田慶一訳注、東海大学出版会、一九七九年

ヴェルフリン、ハインリヒ (Heinrich Wölflin 一八六四〜一九四五)

スイス出身の美術史家。ルネサンスからバロックへの様式変遷を人間の精神に基づく表現形式として捉えた。これら表現

形式は文化史としても展開可能なものであった。ブルクハルトとも親交が深かった。（本書7，8，14，35〜37，47，49，51，52，54，56，57，70〜72，176ページ）
［邦訳］
『ルネサンスとバロック――イタリアにおけるバロック様式の成立と本質に関する研究』上松佑二訳、中央公論美術出版、一九九三年
『美術史の基礎概念――近世美術における様式発展の問題』海津忠雄訳、慶應義塾大学出版会、二〇〇〇年

ヴェントゥーリ、アドルフォ　（Adolfo Venturi　一八五六〜一九四一）
イタリアの美術史家。国家が統一された十九世紀後半にイタリア美術史学を創始した最初の世代。イタリア美術史を体系的に整理した業績で名高い。（本書55，56ページ）

ヴェントゥーリ、ロバート　（Robert Venturi　一九二五〜　）
アメリカの建築家。モダニズムを批判し、ポストモダンを提唱した。（本書160ページ）
［邦訳］
『ラスベガス』石井和紘、伊藤公文訳、鹿島出版会、一九七八年
『建築の多様性と対立性』伊藤公文訳、鹿島出版会、一九八三年

カウフマン、エミール　（Emil Kaufmann　一八九一〜一九五三）
オーストリアの建築史家。啓蒙主義時代から二十世紀建築を展望した研究で名高い。（本書12ページ）
［邦訳］
『理性の時代の建築』全二巻、白井秀和訳、中央公論美術出版、一九九三・一九九七年
『三人の革命的建築家――ブレ、ルドゥー、ルクー』白井秀和訳、中央公論美術出版、一九九四年

カトルメール・ド・カンシー、アントワーヌ＝クリゾストーム　（Antoine-Chrysostome Quatremere de Quincy　一七五五〜一八四九）
フランスの建築理論家、作家。古代建築に関心を寄せ、その研究成果は多くの著書まとめられた。建築事典（「型」の理論を含む）も著名な業績のひとつ。（本書89，136ページ）

ギーディオン、ジークフリート　（Sigfried Giedion　一八八八～一九六八）
スイスの美術史家、建築史家。ヴェルフリンの弟子の一人。近代建築運動、CIAMに参加し活躍した。
（本書51，52，57，58，85，95，96，160，176ページ）
［邦訳］
『永遠の現在――美術の起源』江上波夫、木村重信訳、東京大学出版会、一九六八年
『空間・時間・建築（新版）』太田實訳、丸善、二〇〇九年

グウィルト、ジョセフ　（Joseph Gwilt　一七八四～一八六三）
イギリスの建築家。イタリア建築に関する研究書、ウィトルウィウス建築書の翻訳の他、建築事典の編纂も手がけた。
（本書54，136ページ）

クーラジョ、ルイ　（Louis Charles Jean Courajod　一八四一～九六）
フランスの美術史家。ゴシックの彫刻や装飾に関する研究業績で知られる。
（本書55ページ）

クルフト、ハンノ＝ヴァルター　（Hanno-Walter Kruft　一九三八～一九九三）
ドイツの建築史家。最大の業績である『建築論全史』は、ウィトルウィウスにはじまる古代の建築論から、二〇世紀後半の建築論までを総ざらいした浩瀚な書。
（本書12ページ）
［邦訳］
『建築論全史I』、『建築論全史II』竺覚暁、中央公論美術出版、二〇〇九年、二〇一〇年

グルリット、コルネリウス　（Cornelius Gurlitt　一八五〇～一九三八）
ドイツの建築史家。シュトゥットガルト、ウィーンで学んだ後、バロック美術研究をまとめる。ザクセン州では歴史的建造物の保存にも尽力した。
（本書47，53，54，56ページ）

コーエン、ジャン＝ルイ　（Jean-Louis Cohen　一九四九～　）
フランスの建築史家。近代建築と都市計画を専門にする。アメリカの大学でも教鞭をとる。
（本書169ページ）

コスタ、ルシオ　（Lucio Costa 一九〇二～一九九八）
ブラジルの建築家、都市計画家。一九五六年のコンペで勝ち

取った首都ブラジリアの都市計画が最大の業績。飛行機もしくは鳥のように見える全体計画はコスタが手がけ、ランドマークとなっている建築物は建築家オスカー・ニーマイヤーが手がけた。（本書81，129ページ）

コリンズ、ピーター（Peter Collins　一九二〇～八一）
イギリス出身の建築史家。主としてフランス十八世紀の建築理論を専門とした。（本書159ページ）

コールハース、レム（Rem Koolhaas　一九四四～　）
オランダ出身の建築家。設計事務所OMAの他、いわゆるシンクタンク組織AMOを主宰する。（本書170，177ページ）
［邦訳］
『錯乱のニューヨーク』鈴木圭介訳、筑摩書房、一九九五年
『S，M，L，XL＋――現代都市をめぐるエッセイ』太田佳代子、渡辺佐智江訳、筑摩書房、二〇一五年

コロミーナ、ビアトリス（Beatriz Colomina　一九五二～　）
スペイン出身、アメリカの建築史家、理論家。近代建築とメディア（出版物、写真、広告、映画、テレビ）の関係を専門とし活動する。（本書169ページ）
［邦訳］
『マスメディアとしての近代建築――アドルフ・ロースとル・コルビュジエ』松畑強訳、鹿島出版会、一九九六年

サマーソン、ジョン（John Summerson　一九〇四～九二）
イギリスの建築史家。ジョージ朝を中心とする古典主義建築を専門とした。（本書12ページ）
［邦訳］
『古典主義建築の系譜』鈴木博之訳、中央公論美術出版、一九九二年

ジャンヌレ、ピエール（Pierre Jeanneret　一八九六～一九六七）
スイスの建築家。一九二二年に従兄弟であるル・コルビュジエと建築事務所を立ち上げ、共に数多くの名作を生み出した。（本書81，129ページ）

シュペーア、アルベルト（Albert Speer　一九〇五～八一）
ドイツの建築家。アドルフ・ヒトラーの下、ナチス・ドイツの建築・都市計画に尽力した。（本書81ページ）

シュマルゾー、アウグスト（August Schmarsow 一八五三〜一九三六）
ドイツの美術史家。イタリア美術の独自の分析で知られるが、建築空間に対してかなり早い段階で注目した研究者としても有名。（本書47，53，54ページ）
［邦訳］
『芸術学の基礎概念──古代から中世への過渡期に即した批判的論究ならびに体系的連関における叙述』井面信行訳、中央公論美術出版、二〇〇三年

ジュリオ・ロマーノ（Giulio Romano 一四九九〜一五四六）
イタリアの建築家、画家。ラファエロの下で修行し、頭角を現した。代表作にマントヴァのパラッツォ・デル・テ等。（本書33ページ）

スコット、ジェフリー（Geoffrey Scott 一八八四〜一九二九）
イギリスの作家、建築史家。一九一四年に出された『ヒューマニズムの建築』ではルネサンス建築への深い洞察を展開。（本書56，57，176ページ）
［邦訳］
『「ヒューマニズムの建築」注解』桐敷真次郎編著、中央公論美術出版、二〇一一年

ゼーヴィ、ブルーノ（Bruno Zevi 一九一八〜二〇〇〇）
イタリアの建築史家。ハーヴァード大学で建築を学んだ後、戦後のイタリアに戻り「有機的建築」を推進した。建築史、建築批評の著作多数。（本書11，12，135，145〜153，160ページ）
［邦訳］
『空間としての建築』全二巻、栗田勇訳、鹿島出版会、一九七七年

セルリオ、セバスティアーノ（Sebastiano Serlio 一四七五〜一五五四）
イタリアの建築家。建築書を通じて、古典建築オーダーの規範化に尽力した。（本書26，40，41ページ）

ゼンパー、ゴットフリート（Gottfried Semper 一八〇三〜七九）
ドイツの建築家。著書『様式論』の前に、建築の起源を論じた『建築の四要素』も有名。（本書50ページ）

タウジング、モーリッツ（Moritz Thausing 一八三八〜八四）
オーストリアの美術史家。ウィーン学派の一人。美術史を美

学とは別な学問分野として自立させた。（本書53ページ）

タットヒル、ルイーザ・キャロライン（Louisa Caroline Tuthill 一七九八～一八七九）

アメリカ初の建築史の著者とされる。一八四八年の『建築史』は、ヨーロッパとアメリカを対象とする建築通史である。（本書55ページ）

タフーリ、マンフレッド（Manfredo Tafuri 一九三五～一九九四）

イタリアの建築史家。主にルネサンス建築、二十世紀建築に関する業績が多い。過去のある時代を理想化する建築史の記述手法を批判した。（本書12，77，90，100，136，150～154，158～160，162，169，170ページ）

［邦訳］

『建築神話の崩壊――資本主義社会の発展と計画の思想』藤井博巳、峰尾雅彦訳、彰国社、一九八一年

『建築のテオリア――あるいは史的空間の回復』八束はじめ訳、朝日出版社、一九八五年

デ・ソラ＝モラレス、イグナシ（Ignasi Solà-Morales Rubió 一九四二～二〇〇一）

スペインの建築史家、建築家。近代建築を専門とする他、ミースのバルセロナ・パヴィリオンの復元にも関与した。（本書169ページ）

ドナテッロ（Donatello 一三八六頃～一四六六）

イタリア初期ルネサンスの彫刻家。十五世紀初頭にブルネレスキとともにローマで修行し、古代建築に大いに感化されたという。（本書39ページ）

パラーディオ、アンドレア（Andrea Palladio 一五〇八～八〇）

イタリアの建築家。パドヴァ、ヴィチェンツァを中心に建築作品が残る。著書『建築四書』は欧米各国に広く影響力を持った。（本書15，26，40，41，46ページ）

［邦訳］

『パラーディオ「建築四書」注解』桐敷真次郎編著、中央公論美術出版、一九八六年

バンハム、レイナー （Reyner Banham 一九二二～八八）
イギリスの建築理論家。ニューブルータリズム、「機会の美学」の推進者。晩年はアメリカの都市に関心を寄せた。
（本書12，94，160，162ページ）
［邦訳］
『第一機械時代の理論とデザイン』石原達二、増成隆士訳、鹿島出版会、一九七六年

ヒッチコック、ヘンリー゠ラッセル （Henry-Russell Hitchcock 一九〇三～八七）
アメリカの建築史家。近代建築を専門とし、建築家フィリップ・ジョンソンとともにMoMAで「インターナショナル・スタイル」展を企画した。
（本書12ページ）
［邦訳］
『インターナショナル・スタイル』武沢秀一訳、鹿島出版会、一九七八年

ヒュブシュ、ハインリッヒ （Heinrich Hubsch 一七九五～一八六三）
ドイツの建築家。ロマネスク様式をリヴァイヴァルした半円様式（ルントボーゲン・シュティール）を普及させた。
（本書66ページ）

ピラネージ、ジョヴァンニ・バッティスタ （Giovanni Battista Piranesi 一七二〇～七八）
イタリアの画家、建築家。古代ローマの遺跡や都市景観を描いた版画は、新古典主義の展開に大きな影響力を持った。
（本書40，44～46，61，97，98，122，123ページ）

フォション、アンリ （Henri Focillon 一八八一～一九四三）
フランスの美術史家。主としてヨーロッパ中世芸術を専門とする。晩年、第二次世界大戦によりアメリカに亡命、イェール大学で教えた。
（本書56，57，135，176ページ）
［邦訳］
『形の生命』杉本秀太郎訳、平凡社、二〇〇九年

フランクル、パウル （Paul Frankl 一八七八～一九六二）
プラハ出身の美術史家。ヴェルフリンの助手を務めた後、『建築史の基礎概念』をとりまとめた。
（本書51，52，57ページ）
［邦訳］
『建築史の基礎概念――ルネサンスから新古典主義まで』香山

壽夫監訳、鹿島出版会、二〇〇五年
『ゴシック建築大成』佐藤達生、辻本敬子、飯田喜四郎訳、中央公論美術出版、二〇一一年

フランプトン、ケネス（Kenneth Frampton 一九三〇〜 ）
イギリス出身、アメリカで活躍する建築史家。「批判的地域主義」を提唱し、建築界へ影響を与えた。（本書159，170ページ）
［邦訳］
『テクトニック・カルチャー——19—20世紀建築の構法の詩学』松畑強、山本想太郎訳、TOTO出版、二〇〇二年
『現代建築史』中村敏男訳、青土社、二〇〇三年

ブリッグス、マーティン（Martin Briggs 一八八二〜一九七七）
イギリスの建築史家。主著『バロック建築』は、ヴェルフリン等に倣い、当時はあまり評価されていなかった対象に光を当てたもの。（本書56ページ）

ブルクハルト、ヤーコプ（Carl Jacob Christoph Burckhardt 一八一八〜一八九七）
スイス出身の歴史家、文化史家。歴史事象そのものよりもその背景に関心を寄せた。著書多数。
（本書36，47〜52，56，71，77，118，137ページ）
［邦訳］
『チチェローネ——イタリア美術作品享受の案内』建築篇・絵画篇、瀧内槇雄訳、中央公論美術出版、二〇〇四・二〇一一年
『イタリア・ルネサンスの文化』新井靖一訳、筑摩書房、二〇〇七年

ブルネレスキ、フィリッポ（Filippo Brunelleschi 一三七七〜一四四六）
イタリアの彫刻家、建築家。サンタ・マリア・デル・フィオーレ大聖堂のドーム屋根建設は大変な難工事であり、この偉業をもってルネサンス建築のはじまりとする研究者もいる。
（本書39，48，78，80，121，123ページ）

ヘイズ、ケネス・マイケル（Kenneth Michael Hays 一九五二〜 ）
アメリカの建築理論家、建築史家。ヘンリー・A・ミロンの下に学び、ヨーロッパ・モダニズムを専門とする。批判理論にも関与した。（本書14，171，178ページ）
［邦訳］

『ポストヒューマニズムの建築──ハンネス・マイヤーとルートヴィヒ・ヒルベルザイマー』松畑強訳、鹿島出版会、一九九七年

ペヴスナー、ニコラウス　(Nikolaus Pevsner　一九〇二〜八三)

ドイツ出身、イギリスで活躍した建築史家。一九五一年より出された全四十六巻の『イギリスの建造物』シリーズが有名。また、モダン・デザインの推進にも尽力した。

(本書9，12，15，21，30，86，91，92，160ページ)

〔邦訳〕

『モダン・デザインの展開──モリスからグロピウスまで』白石博三訳、みすず書房、一九五七年

『ヨーロッパ建築序説』小林文次、山口廣、竹本碧訳、彰国社、一九八九年

『建築タイプの歴史』全二巻、越野武訳、中央公論美術出版、二〇一四・二〇一五年

ペロー、クロード　(Claude Perrault　一六一三〜八八)

フランスの学者、建築家。ウィトルウィウス建築書のフランス語訳を出した後、建築のオーダーに関する論考をとりまとめた。

(本書41〜43ページ)

ボッロミーニ、フランチェスコ　(Francesco Borromini　一五九九〜一六六七)

イタリアの建築家。サン・ピエトロ大聖堂現場においてマデルノの助手を務めた。代表作にサン・カルロ・アッレ・クアトロ・フォンターネ聖堂等。

(本書36，71，80，145ページ)

ポルトゲージ、パオロ　(Paolo Portoghesi　一九三一〜　)

イタリアの建築家、理論家。ボッロミーニをはじめとする建築史研究から、設計理論、建築設計まで横断的な活動を展開した。

(本書11ページ)

マイ、エルンスト　(Ernst May　一八八六〜一九七〇)

ドイツの建築家、都市計画家。一九二〇年代にフランクフルト都市計画を手がけたほか、近代建築運動にも参加。その後、ナチスの台頭によりソ連に移り、マグニトゴルスクをはじめ数多くの都市計画を手がけた。

(本書81ページ)

マデルノ、カルロ　（Carlo Maderno　一五五六～一六二九）

イタリアの建築家。サン・ピエトロ大聖堂設計の任をミケランジェロより引き継いだ。（本書36，71ページ）

マネッティ、アントニオ・トゥッチオ　（Antonio Tuccio Manetti　一四二三～九七）

イタリアの人文主義者。建築家ブルネレスキの生涯を綴った著書は、建築史における貴重な史料である。（本書78ページ）

[邦訳]

『ブルネッレスキ伝』浅井朋子訳、中央公論美術出版、一九八九年

ミース・ファン・デル・ローエ、ルートヴィヒ　（Ludwig Mies van der Rohe　一八八六～一九六九）

ドイツ出身の建築家。ヨーロッパ近代建築運動の主導的役割を果たしたが、ナチス・ドイツの政治的圧力が高まると、アメリカに亡命。戦前のドイツ、戦後のアメリカに大きな足跡を残した。（本書81～83ページ）

モーゼス、ロバート　（Robert Moses　一八八八～一九八一）

二十世紀半ばニューヨーク州を中心に活躍した都市計画家。公共事業として、橋梁、高速道路、公園、高層マンションを多数整備した。（本書81ページ）

ライト、フランク・ロイド　（Frank Lloyd Wright　一八六七～一九五九）

アメリカの建築家。ライトの有機的建築はゼーヴィーにとってめざすべき建築のモデルとなった。日本にも実作を残した。（本書145ページ）

[邦訳]

『有機的建築――オーガニックアーキテクチャー』三輪直美訳、筑摩書房、二〇〇九年

リーグル、アロイス　（Alois Riegl　一八五八～一九〇五）

オーストリアの美術史家。美術史を内的衝動の観点から捉え「芸術意欲」に着目した。この考えは、ドイツの美術史家ウィルヘルム・ヴォリンガーに継承される。（本書52～54ページ）

[邦訳]

『末期ローマの美術工芸』井面信行、中央公論美術出版、二

〇〇七年
『現代の記念物崇拝──その特質と起源』尾関幸訳、中央公論美術出版、二〇〇七年

リクワート、ジョセフ（Joseph Rykwert 一九二六〜）
ワルシャワ出身、英米で活躍する建築史家。（本書28，159ページ）
［邦訳］
『「まち」のイデア──ローマと古代世界の都市の形の人間学』前川道郎、小野育雄訳、みすず書房、一九九一年
『アダムの家──建築の原型とその展開』黒石いずみ訳、鹿島出版会、一九九五年

リゴーリオ、ピッロ（Pirro Ligorio 一五一〇頃〜八三）
イタリアの建築家。ハドリアヌス帝別荘調査とともに、その近くにあるヴィラ・エステの設計も手がけている。（本書40，41ページ）

ル・コルビュジエ（Le Corbusier 一八八七〜一九六五）
スイス生まれ、フランスで活躍した建築家。ヨーロッパ近代建築運動の推進者として多数の実作を残した他、理論的著作も多い。（本書80，81，124〜126，129ページ）
［邦訳］
『建築へ（新装普及版）』樋口清訳、中央公論美術出版、二〇一一年

ロウ、コーリン（Colin Rowe 一九二〇〜九九）
イギリスの建築理論家、建築家。パラーディオの住宅とル・コルビュジエの住宅の比較研究により、世界的名声を得た。（本書12，97，110，135，162ページ）
［邦訳］
『コラージュ・シティ（新装版）』渡辺真理訳、鹿島出版会、二〇〇九年
『マニエリスムと近代建築──コーリン・ロウ建築論選集』伊東豊雄、松永安光訳、彰国社、一九八一年

ロジエ、マルク＝アントワーヌ（Marc-Antoine Laugier 一七一三〜六九）
フランスの修道士、建築理論家。著書『建築試論』には、ウィトルウィウスに倣い、建築の起源論が展開されている。

［邦訳］
『建築試論』三宅理一訳、中央公論美術出版、一九八六年
（本書89ページ）

ロッシ、アルド
（Aldo Rossi 一九三一～九七）
イタリアの建築家。理論的著作『都市の建築』において、建築設計へ類型学的応用の可能性を示し、一九七〇年代より数多くの実作を残した。
（本書55，90，91ページ）
［邦訳］
『都市の建築』ダニエーレ・ヴィターレ編、大島哲蔵、福田晴虔訳、大龍堂書店、一九九一年

ワトキン、デイヴィッド
（David Watkin 一九四一～ ）
イギリスの建築史家。十八世紀以降の新古典主義建築を専門とするが、『モラリティと建築』のように近代建築全般に渡る理論的業績もある。
（本書11ページ）
［邦訳］
『モラリティと建築――ゴシック・リヴァイヴァルから近代建築運動に至るまでの、建築史学と建築理論における主題の展開』榎本弘之訳、鹿島出版会、一九八一年

参考文献

Ackerman, James. 'On American Scholarship in the Arts'. *College Art Journal* 17, no. 4 (Summer 1958): 357-62.

——— 'The 50 Years of CISA'. *Annali di Architettura* 20 (2008): 9-11.

Agosti, Giacomo. *La nascita della storia dell'arte in Italia: Adolfo Venturi dal museo all'università, 1880-1940*. Venice: Marsolio, 1996.

Allsopp, Bruce. *The Study of Architectural History*. New York: Praeger, 1970.

Amery, Colin. 'Art History Reviewed IV: Nikolaus Pevsner's "Pioneers of the Modern Movement", 1936'. *Burlington Magazine* 151, no. 1278 (September 2009): 617-19.

Arnold, Dana (ed.). *Reading Architectural History*. London and New York: Routledge, 2002.

Arnold, Dana, Elvan Altan Ergut & Belgin Turan Özkaya (eds.). *Rethinking Architectural Historiography*. London and New York: Routledge, 2006.

Attoe, Wayne, & Charles W. Moore (eds.). 'How Not to Teach Architectural History'. Special issue, *Journal of Architectural Education* [*JAE*] 34, no. 1 (Fall 1980) .

Bardati, Flaminia (ed.). *Storia dell'arte e storia dell'architettura. Un dialogo difficile*. San Casciano: Libro Co., 2007.

Bazin, Germain. *Histoire de l'histoire de l'art. De Vasari à nos iours*. Paris: Albin Michel, 1986.［邦訳　秋山光和、柳宗玄共訳『世界美術史』平凡社、一九五八年］

Binfield, Clyde (ed.). 'Architecture and History: A Joint Symposium of the Royal Historical Society and the Society of Architectural Historians of Great Britain, Held at Tapton Hall, University of Sheffield, 5-7 April 2002'. Papers presented in *Transactions of the Royal Historical Society* 13 (December 2003): 187-392.

Biraghi, Marco. *Progetto di crisi. Manfredo Tafuri e l'architettura contemporanea*. Milan: Christian Marinotti, 2005.

Blau, Eve. 'Plenary Address, Society of Architectural Historians Annual Meeting, Richmond, Virginia, 18 April 2002: A Question of Discipline'. *JSAH* 62, no. 1 (March 2003) : 125-9.

——— (ed.). 'Architectural History 1999/2000'. Special issue, *Journal of the*

Society of Architectural Historians [*JSAH*] 58, no. 3 (September 1999).

Borden, Iain. 'What is Architectural History and Theory?' In *Bartlett Book of Ideas,* ed. Peter Cook, 68-70. London: Bartlett Books of Architecture, 2000.

Borden, Iain, & Jane Rendell (eds.). *Intersections: Architectural Histories and Critical Theories*. London and New York: Routledge, 2000.

Böröcz, Zsuzsanna & Luc Verpoest (eds.). *Imag(in)ing Architecture: Iconography in Nineteenth-Century Architectural Historical Publications*. Leuven and Voorburg: Acco, 2008.

Briggs, Martin. *The Architect in History*. Oxford: Clarendon Press, 1927.

Brown, Deidre, & Andrew Leach (eds.). 'A Regional Practice'. Special issue, *Fabrications: The Journal of the Society of Architectural Historians, Australia and New Zealand* 17, no. 2 (2008) .

Brucculeri, Antonio. *Louis Hautecœur et l'architecture classique en France. Du dessein historique à l'action publique*. Paris: Picard, 2007.

Çelik, Zeynep (ed.). 'Teaching the History of Architecture: A Global Inquiry'. Special issues, *JSAH*. Part I, 61, no. 3 (September 2002): 333-96; Part II, 61, no. 4 (December 2002): 509-58; Part III, 62, no. 1 (March 2003): 75-124.

Chastel, André, Jean Bony, Marcal Durliat, et al. *Pour un temps. Henri Focillon*. Paris: Centre Georges Pompidou, 1986.

Coffin, David R. *Pirro Ligorio: The Renaissance Artist, Architect and Antiquarian*. University Park, Pa.: Pennsylvania State University Press, 2004.

Cohen, Jean-Louis. 'Scholarship or Politics? Architectural History and the Risks of Autonomy'. *JSAH* 67, no. 3 (September 2008): 325-9.

Conway, Hazel, & Rowan Roenisch. *Understanding Architecture: An Introduction to Architecture and Architectural History*. London and New York: Routledge, 1994.

Cresti, Carlo. 'L'esercizio della Storia dell'architettura'. *Atti della Accademia delle arti del disegno 2007-2008* 14 (2008): 45-8.

Curuni, Alessandro. 'Gustavo Giovannoni. Pensieri e principi di restauro architettonica'. In *La cultura del restauro. Teorie e fondatori*, ed. Stella Casiello, 267-90. Venice: Marsilio, 1996.

Décultot, Élisabeth. *Johann Joachim Winckelmann. Enquête sur la genèse de l'histoire de l'art*. Paris: Presses universitaires de France, 2000.

Delbeke, Maarten, Evonne Levy & Steven F. Ostrow. 'Prolegomena to the Interdisciplinary Study of Bernini's Biographies'. In *Bernini's Biographies*, ed. Delbeke, Levy & Ostrow, 1-72. University Park, Pa.: Pennsylvania State University Press, 2007.

Donahue, Neil H. *Invisible Cathedrals: The Expressionist Art History of Wilhelm Worringer*. University Park, Pa.: Pennsylvania State University Press, 1995.

Draper, Peter (ed.). *Reassessing Nikolaus Pevsner*. Aldershot: Ashgate, 2003.

Dulio, Roberto. *Introduzione a Bruno Zevi*. Rome: Laterza, 2008.

Dunn, Richard M. *Geoffrey Scott and the Berenson Circle: Literary and*

Aesthetic Life in the Early 20th Century. Lewiston, NY: Edwin Mellen Press, 1998.

Fairbank, Wilma. *Liang and Lin: Partners in Exploring China's Architectural Past*. Philadelphia: University of Pennsylvania Press, 1994.

Frankl, Paul. *Die Entwicklungsphasen der neuer Baukunst*. Stuttgart: B. G. Teubner, 1915.〔邦訳　香山壽夫監訳『建築史の基礎概念——ルネサンスから新古典主義まで』鹿島出版会，二〇〇五年〕

Georgiadis, Sokratis. *Sigfried Giedion. Eine intellektuelle Biogra- phie*. Zurich: Eidgenössische Technische Hochschule, Institut für Geschichte und Theorie der Architektur, 1989.

Ghelardi, Maurizio, & Max Seidel (eds.). *Jacob Burckhardt. Storia della cultura, storia dell'arte*. Venice: Marsilio, 2002.

Ginzburg Carignani, Silvia (ed.). *Obituaries. 37 epitaffi di storici dell'arte nel Novecento*. Milan: Electa, 2008.

Halbertsma, Marlite. 'Nikolaus Pevsner and the End of a Tradition: The Legacy of Wilhelm Pinder'. *Apollo* (February 1993): 107-9.

Hancock, John E. *History in, of, and for Architecture*. Cincinnati, Ohio: The School of Architecture and Interior Design, University of Cincinnati, 1981.

Hart, Joan. 'Heinrich Wölflin: An Intellectual Biography', Ph.D. diss., University of California, Berkeley, 1981.

Holly, Michael Ann. *Panofsky and the Foundations of Art History*. Ithaca, NY: Cornell University Press, 1984.

Hubert, Hans W. 'August Schmarsow, Hermann Grimm und die Gründung des Kunsthistorischen Instituts in Florenz'. In *Storia dell'arte e politica culturale intorno al 1900. La fondazione dell'Istituto Germanico di Storia dell'Arte di Firenze*, ed. Max Seidel, 339-58. Venice: Marsilio, 1999.

Iverson, Margaret. *Alois Riegl: Art History and Theory*. Cambridge, Mass.: MIT Press, 1993.

Jarzombek, Mark. *The Psychologizing of Modernity: Art, Architecture and History*. Cambridge: Cambridge University Press, 1999.

Kaufmann, Thomas DaCosta. *Toward a Geography of Art*. Chicago: University of Chicago Press, 2004.

King, Luise (ed.). *Architectur & Theorie: Produktion und Reflexion = Architecture & Theory*: Production and Reflection. Hamburg: Junius Verlag, 2009.

Kisacky, Jeanne. 'History and Science: Julien-David Leroy's Dualistic Method of Architectural History'. *JSAH* 60, no. 3 (September 2001): 260-89.

Kleinbauer, W. Eugene. *Modern Perspectives in Western Art History: An Anthology of 20th-Century Writings on the Visual Arts*. New York: Holt, Reinhart & Winston, 1971.

Kleinbauer, W. Eugene, & Thomas P. Slavens. *Research Guide to the History of Western Art*. Chicago: American Library Association, 1982.

Kohane, Peter. 'Interpreting Past and Present: An Approach to Architectural History'. *Architectural Theory Review* 2, no. 1 (1997): 30-7.

Kruft, Hanno-Walter. *Geschichte der Architekturtheorie von der Antike bis zur*

Gegenwart. Munich: Beck, 1985. [邦訳　笠覚暁訳『建築論全史』全二巻、中央公論美術出版、二〇〇九、二〇一〇年]

Lagae, Johan, Marc Schoonderbeek, Tom Avermaete & Andrew Leach (eds.). 'Posities. Gedeelde gebieden in historiografie en ontwerp-praktijk = Positions: Shared Territories in Historiography and Practice'. Special issue, *Oase* 69 (2006) .

Leach, Andrew. *Manfredo Tafuri: Choosing History*. Ghent: A&S Books, 2007.

Leach, Andrew, Antony Moulis & Nicole Sully (eds.). *Shifting Views: Essays on the Architectural History of Australia and New Zealand*. St Lucia, Qld: University of Queensland Press, 2008.

Legault, Régean. 'Architecture and Historical Representation'. *JAE* 44, no. 4 (August 1991): 200-5.

Lienert, Matthias. *Cornelius Gurlitt (1850 his 1938) : Sechs Jahrzehnte Zeit- und Familiengeschichte in Briefen.* Dresden: Thelem, 2008.

Lin Zhu, *Jianzshushi Liang Sicheng* [Architect Liang Sicheng]. Tianjin: Tianjin kexue jishu chubanshe, 1997.

——— *Koukai Lu Ban de damen: Zhongguo yingzao xueshe shilü* [Opening the Gate of Lu Ban: A Brief History of the Society for Research in Chinese Architecture]. Beijing: Zhongguo jainzhu gongye chubanshe, 1995.

Luca, Monica (ed.). *La critica operativa e l'architettura*. Milan: Edizioni Unicopli, 2002.

Macarthur, John. 'Some Thoughts on the Canon and Exemplification in Architecture.' *Form/Work: An Interdisciplinary Journal of Design and the Built Environment* 5 (2000): 33-45.

MacDougall, Elisabeth Blair (ed.). *The Architectural Historian in America: A Symposium in Celebration of the Fiftieth Anniversary of the Founding of the Society of Architectural Historians*, Studies in the History of Art 35, Center for Advanced Study in the Visual Arts Symposium Papers 19. Washington, DC: National Gallery of Art; Hanover, NH, and London: University Press of New England, 1990.

McKean, John. 'Sir Banister Fletcher: Pillar to Post-Colonial Readings'. *Journal of Architecture* 11, no. 2 (2006): 167-204.

Michel, André. 'L'enseignement de Louis Courajod'. *Leçons professées à l'École du Louvre (1887-1896)*, vol. III, *Origines de l'art moderne*, ed. Henry Lemonnier & André Michel, v-xvii. Paris: Alphonse Picard et Fils.

Midant, Jean-Paul. *Au Moyen Age avec Viollet-le-Duc*. Paris: Parangon, 2001.

Millon, Henry A. 'History of Architecture: How Useful?' *AIA Journal* 34, no. 6 (December 1960): 23-5.

Nalbantoğlu, Gülsüm. 'Towards Postcolonial Openings: Rereading Sir Banister Fletcher's *History of Architecture*'. *Assemblage* 35 (1998): 6-17.

Otero-Pailos, Jorge. 'Photo[historio]graphy: Christian Norberg-Schulz's Demotion of Textual History'. *JSAH* 66, no. 2 (June 2007): 220-41.

Pächt, Otto. *Methodisches zur kunsthistorischen Praxis*, ed. Jorg Oberhaidacher, Arthur Rosenauer & Gertraut Schikola. Munich: Prestel, 1977. [邦訳 前川誠郎、越宏一訳『美術への洞察――美術史研究の実践のために』

岩波書店、一九八二年〕

Patetta, Luciano (ed.). *Storia dell'architettura. Antologia critica*. Milan: Etas, 1975.

Paul, Jürgen. *Cornelius Gurlitt: Ein Leben für Architektur, Kunst-geschichte, Denkmalpflege und Städtebau*. Dresden: Hellerau- Verlag, 2003.

Payne, Alina A. 'Rudolf Wittkower and Architectural Principles in the Age of Modernism'. *JSAH* 53, no. 3 (September 1994): 322-42.

Pevsner, Nikolaus. *Ruskin and Viollet-le-Duc: Englishness and Frenchness in the Appreciation of Gothic Architecture*. London: Thames & Hudson, 1969.〔邦訳　鈴木博之訳『ラスキンとヴィオレ・ル・デュク――ゴシック建築評価における英国性とフランス性』中央公論美術出版、一九九〇年〕

——— *Some Architectural Writers of the Nineteenth Century*. Oxford: Clarendon Press, 1972.

——— 'The Term "Architect" in the Middle Ages'. *Speculum* 17, no. 4 (October 1942): 549-62.

Pfisterer, Ulrich (ed.). *Klassiker der Kunstgeschichte*, 2 vols. Munich: Beck, 2008.

Podro, Michael. *The Critical Historians of Art*. New Haven, Conn.: Yale University Press, 1982.

Pollack, Martha (ed.). *The Education of the Architect: Historiography, Urbanism, and the Growth of Architectural Knowledge. Essays Presented to Stanford Anderson*. Cambridge, Mass.: MIT Press, 1997.

Pommier, Edouard. *Winkelmann, inventeur de l'histoire de l'art*. Paris: Gallimard, 2003.

Porphyrios, Demitri (ed.). 'On the Methodology of Architectural History'. Special issue, *Architectural Design* 51, nos. 6-7 (1981).

Pozzi, Mario & Enrico Mattioda. *Giorgio Vasari. Storico e critico*. Florence: Leo S. Olschki, 2006.

Preziosi, Donald (ed.). *The Art of Art History: A Critical Anthology*. Oxford History of Art. Oxford: Oxford University Press, 1998.

Ranaldi, Antonella. *Pirro Ligorio e l'interpretazione delle ville antiche*. Rome: Quasar, 2001.

Rosso, Michela. *La storia utile. Patrimonio e modernità di John Summerson e Nikolaus Pevsner, Londra, 1928-1955*. Turin: Edizioni di Comunità, 2001.

Salmon, Frank (ed.). *Summerson and Hitchcock: Centenary Essays on Architectural Historiography*. Studies in British Art 16. New Haven and London: Yale University Press, 2006.

Schlosser, Julius. *Die Kunstliterature. Ein Handbuch zur Quellenkunde der neueren Kunstgeschichte*. Vienna: Anton Schroll, 1924.〔邦訳　勝国興訳『美術文献解題』中央公論美術出版、二〇一五年〕

——— 'The Vienna School of the History of Art: Review of a Century of Austrian Scholarship in German' (1934), trans. & ed. Karl Johns. *Journal of Art Historiography* 1 (December 2009): 1-50. online at www.gla.ac.uk/departments/arthistoriography.

Scrivano, Paolo. *Storia di un'idea di architettura moderna: Henry- Russell*

Hitchcock e l'International Style. Milan: FrancAngeli, 2001.

Seligman, Claus. 'Architectural History: Discipline or Routine?' *JAE* 34, no. 1 (Autumn 1980): 14-19.

Starace, Francesco, *Pier Giulio Montano & Paolo Di Caterina. Panofsky, von Simson, Woelfflin. Studi di teoria e critica dell'architettura*. Naples: Fratelli Napolitani, 1982.

Summers, David. 'Art History Reviewed II: Heinrich Wölfflin's "Kunstgeschichtliche Grundbegriffe", 1915'. *Burlington Magazine* 151, no. 1276 (July 2009) : 476-9.

Tafuri, Manfredo. 'Architettura e storiografia. Una proposto di metodo'. *Arte Veneta* 29 (1975): 276-82.

——— *Teorie e storia dell'architettura*. Rome and Bari: Laterza, 1968.［邦訳 八束はじめ訳『建築のテオリア——あるいは史的空間の回復』朝日出版社、一九八五年］

Talenti, Simona. *L'histoire de l'architecture en France. Émergence d'une discipline (1863-1914)*. Paris: Picard, 2000.

Testa, Fausto. *Winckelmann e l'invenzione della storia dell'arte. I modelli e la mimesi*. Bologna: Minerva, 1999.

Thomas, Helen. 'Invention in the Shadow of History: Joseph Rykwert at the University of Essex'. *JAE* 58, no. 2 (2004): 39-45.

Tournikiotis, Panayotis. *The Historiography of Modern Architecture*. Cambridge, Mass.: MIT Press, 1999.

Trachtenberg, Marvin. 'Some Observations on Recent Architectural History'. *Art Bulletin* 70, no. 2 (1988): 208-41.

Van Impe, Ellen. 'Architectural Historiography in Belgium, 1830- 1914'. Ph.D. diss., Katholieke Universiteit Leuven, 2008.

——— 'Architectural History on Show: Retrospective Architectural History Exhibitions and Nineteenth Century Architectural History in Beigium'. *Fabrications* 16, no. 1 (June 2006): 63-89.

Vidler, Anthony. *Histories of the Immediate Present: Inventing Architectural Modernism*. Cambridge, Mass.: MIT Press, 2008.［邦訳　今村創平訳『二〇世紀建築の発明——建築史家と読み解かれたモダニズム』鹿島出版会、二〇一二年］

Watkin, David. *The Rise of Architectural History*. London: Architectural Press, 1980.［邦訳　桐敷真次郎訳『建築史学の興隆』中央公論美術出版、一九九三年］

Westfall, Carroll W. & Robert Jan van Pelt. *Architectural Principles in the Age of Historicism*. New Haven, Conn.: Yale University Press, 1991.

Whiffen, Marcus (ed.). *The History, Theory and Criticism of Archi-tecture: Papers from the 1964 AIA-ACSA Teacher Seminar*. Cambridge, Mass.: MIT Press, 1965.

Whitely, Nigel. *Reyner Banham: Historian of the Immediate Future*. Cambridge, Mass.: MIT Press, 2002.

Wölfflin, Heinrich. *Kunstgeschichtliche Grundbegriffe. Das Problem der Stilentwicklung in der neueren Kunst*. Munich: Bruckmann, 1915.［邦訳 海津忠雄訳『美術史の基礎概念——近世美術における様式発展の

問題』慶應義塾大学出版会、二〇〇〇年〕

Wood, Christopher (ed.). *The Vienna School Reader: Politics and Art Historical Method in the 1930s*. New York: Zone Books, 2000.

Wright, Gwendolyn & Janet Parks (eds.). *The History of Architecture in American Schools of Architecture, 1865-1975*. New York: Temple Hoyne Buell Center for the Study of American Architecture and Princeton Architectural Press, 1990.

Younés, Samir. *The True, the Fictive, and the Real: The Historical Dictionary of Architecture of Quatremère de Quincy*. London: Andreas Papadakis, 1999.

図版出典

1 Joseph Rykwert, "The Dancing Column", MIT Press, 1996, p.32
2 Joseph Rykwert, "The Dancing Column", MIT Press, 1996, p.88
3 訳者撮影
4 桐敷真次郎『パラーディオ「建築四書」注解』, 中央公論美術出版, 1986, p. 317
5 Pirro Ligorio, "Anteiquae Urbis imago", Lossi reprint, 1773
6 Sir Banister Fletcher, "A History of Architecture", B.T.Batsford, 1950, p.iii
7 Gustavo Giovannoni, "Il "Diradamento" edilizio dei vecchi centri", 1913, p.73
8 訳者撮影
9 Anthony Vidler, "The Writing of the Walls", Princeton Architectural Press, 1987, Fig.165
10 Panayotis Tournikiotis, "The Historiography of Modern Architecture", MIT Press, 1999, p.205
11 Panayotis Tournikiotis, "The Historiography of Modern Architecture", MIT Press, 1999, p.42
12 Giovanni Battista Piranesi, "Observations on the Letter of Monsieur Mariette", Getty Research Institute, 2002, p.7
13 Beatriz Colomina, "Sexuality and Space", Princeton Architectural Press, 1992, p.141
14 Andrew Leach, "What is Architectural History?", Polity Press, 2010, p.90
15 David L.A. Gordon, "Planning Twentieth Century Capital Cities", Routledge, 2006, p.168
16 Panayotis Tournikiotis, "The Historiography of Modern Architecture", MIT Press, 1999, p.52
17 Panayotis Tournikiotis, "The Historiography of Modern Architecture", MIT Press, 1999, p.170
18 Diana Agrest, Patricia Conway, Leslie Kanes Weisman, "The Sex of Architecture", Harry N. Abrams, Inc., 1996, p.193.

[著者略歴]

アンドリュー・リーチ（Andrew Laeach）

1976年ニュージーランド生まれ。ヴィクトリア大学ウェリントンを卒業後、同大学大学院修士課程修了。ゲント大学で博士号を取得し、現在、オーストラリアのグリフィス大学准教授。主著に『Frederick H.Newman : Lectures on Architecture』（A&S Books, 2003）、『Manfredo Tafui : Choosing History』（A&S Books, 2007）等。

[訳者略歴]

横手 義洋（よこて・よしひろ）

1970年鹿児島県生まれ。東京大学建築学科卒業後、同大学大学院で博士（工学）を取得。同大学助教、イェール大学研究員を経て、現在、東京電機大学建築学科准教授。主著に『イタリア建築の中世主義』（中央公論美術出版、2009、建築史学会賞受賞）、『日本建築思想史』（太田出版、磯崎新と共著、2015）等。

建築史とは何か ©

平成二十八年十一月二十日印刷
平成二十八年十二月 十 日発行

著　者　アンドリュー・リーチ
著　者　横手義洋
発行者　日野啓一
印刷
製本　広研印刷株式会社

中央公論美術出版
東京都千代田区神田神保町一－一〇－一
IVYビル６階
電話〇三－五五七七－四七九七

ISBN978-4-8055-0774-2